筆界認定に関する
表示登記の運用見直し
関係資料集

田中博幸
［監修］

月刊登記情報編集室
［編］

一般社団法人 **金融財政事情研究会**

はしがき

　近時、所有者が死亡した後も相続登記がされないこと等を原因として、不動産登記簿を見ただけでは所有者が直ちに判明せず、又は判明しても連絡が付かない所有者不明の土地が生じ、民間の土地取引や公共事業の用地取得など様々な場面で問題となっている。

　土地の表題登記、地積に関する変更若しくは更正の登記又は分筆の登記といった筆界関係登記の際、登記実務においては、相互に隣接する土地の所有権の登記名義人等が土地の筆界を確認し、その認識が一致したこと及びその地点を特定して示すことを内容とする情報、いわゆる「筆界確認情報」の提供を求めることが広く行われている。

　ところが、所有者が死亡し相続人の所在が不明である場合、相続人が多数に上る場合、近隣関係の希薄化により隣接土地の所有者の協力が得られない場合など、昨今の所有者不明土地の増加等により、筆界確認情報の作成に困難を伴う事案が生じている。他方で、不動産登記法第14条第1項地図や座標値の記録された地積測量図等が登記所に備え付けられるようになった現下においては、筆界確認情報を用いずとも、登記官による筆界の調査・認定が可能な場合がある。このような情勢の中、令和2年1月から4回にわたり、実務家や有識者、関係省庁等を構成員とする「筆界認定の在り方に関する検討会」が開催され、令和3年4月にその検討結果が「筆界の調査・認定の在り方に関する検討報告書」として取りまとめられた（検討報告書の内容は、一般社団法人金融財政事情研究会刊『「筆界の調査・認定の在り方に関する検討報告書」の解説』を参照）。

　この検討報告書に記載された提言を踏まえつつ、令和4年4月14日付け法務省民二第535号民事局長通達及び同日付け法務省民二第536号依命通知「表示に関する登記における筆界確認情報の取扱いについて」が発出され、さらに、この依命通知によって、「表示に関する登記における筆界確認情報の取扱いに関する指針」（以下「指針」という。）が定められ、筆界認定の運用見

はしがき　i

直しとして、全国統一の取扱いがされることとなった。

　本書は、指針に関連する一通りのものをひとまとめにし、筆界関係登記を処理するに当たり参考書として役立つものを目指した。指針本文は、一読しただけではこれまでと何が変わったのか、何がポイントなのかが分かりにくいかもしれない。そこで、指針の起案に関与した担当者が指針の内容等を解説し思いを述べている。この解説等を読み再度指針を読み込めば、指針の骨子や具体的な内容が深く理解でき、土地家屋調査士と登記官のそれぞれの立場において目的の達成に役立つと思われる。

　指針に関連して法務省・法務局から出されている筆界認定の関係情報と併せ、土地家屋調査士、登記官はもとより、関係実務に携わる方のお役に立てれば幸いである。

　令和6年8月

大阪法務局首席登記官（不動産登記担当）

（前法務省民事局民事第二課地図企画官）

田中　博幸

目　次

第1章

表示に関する登記における
筆界確認情報の取扱いに関する指針の解説

「表示に関する登記における筆界確認情報の取扱いに関する指針」
の概要 ……………………………………………………… 編集部 …… 2

「表示に関する登記における筆界確認情報の取扱いに関する指針」
の位置付けとこれからの運用 ………………………… 田中博幸 …… 8

表示に関する登記における筆界確認情報の取扱いに関する指針（令
和4年4月14日付け法務省民二第536号依命通知）………………… 37

表示に関する登記における筆界確認情報の取扱いに係るQ&A ……… 76

不動産登記規則第93条ただし書の報告書に係るモデル記録例 ………… 94

【座談会】表示登記における筆界確認情報の指針を踏まえた今後の
実務 ……………………………………………………………………… 100

第2章

関連資料

表示に関する登記における実地調査に関する指針（平成23年3月23
日付け法務省民二第728号通知）………………………………………… 138

不動産登記規則第93条ただし書に規定する不動産の調査に関する報
告に係る報告書の様式（平成28年1月8日付け法務省民二第4号回答、
第5号依命通知）………………………………………………………… 149

目　次　iii

第1章

表示に関する登記における
筆界確認情報の取扱いに関する
指針の解説

「表示に関する登記における筆界確認情報の取扱いに関する指針」の概要

編 集 部

　令和4年4月14日付け法務省民二第535号民事局長通達「表示に関する登記における筆界確認情報の取扱いについて」（以下「通達」という。）及び同日付け法務省民二第536号依命通知「表示に関する登記における筆界確認情報の取扱いについて」が発出され、さらに、この依命通知によって、「表示に関する登記における筆界確認情報の取扱いに関する指針」（以下「指針」という。）が定められ、全国の法務局では、令和4年10月から指針に基づく取扱いが開始されている。

　通達では、通達発出の経緯及びどのように対応すべきかについて以下のとおり明記され、その詳細は指針によって定めるとしている。

【通達本文】

　土地の表題登記、地積に関する変更若しくは更正の登記又は分筆の登記（以下「筆界関係登記」という。）の申請に際しては、法令に定めのある添付情報に加え、登記官の行う筆界の調査及び認定の重要な判断要素として、「相互に隣接する土地の所有権の登記名義人等が現地立会い等によって土地の筆界を確認し、その認識が一致したこと及びその地点を特定して示すことを内容とする情報」（以下「筆界確認情報」という。）の提供を求める取扱いが一般的となっています。

　一方、近年、土地の所有権の登記名義人の死亡後に相続登記がされることなく放置されているため、相続人が不明な場合や相続人が判明してもその所在を把握することが困難な場合など筆界確認情報の作成及び登記所への提供（以下「筆界確認情報の提供等」という。）が困難な事例が増

加しており、筆界関係登記の申請に際して筆界確認情報の提供等を求める取扱いについては、合理的な範囲に絞り込むことが求められています。

　これらの状況を踏まえ、隣地所有者が不明であるなど、筆界確認情報を得ることが困難な場合においても、円滑な不動産取引を可能とするため、筆界関係登記の調査に当たっては下記の点に留意し、事務処理に遺憾のないよう、貴管下登記官に周知方取り計らい願います。

　指針では、筆界関係登記における筆界の調査、確認、筆界確認情報の取扱いをどのようにすべきかについて、これまで区々となっていた取扱いを統一的な取扱いとなるように考え方が示された。

　指針の内容は多岐にわたり指針本文を一読して理解することは困難も予想されるため、どこを読んだらよいか目安となるよう、ここに指針の目次とそこに何が示されているか概要を一覧にまとめた。また、筆界認定に関する表示登記の運用見直しの概要を掲載した。

第1章　表示に関する登記における筆界確認情報の取扱いに関する指針の解説　3

指針項目	概要	頁番号（カッコ内は本書籍中の頁番号）
第1　総論		1　（39）
1　背景	筆界確認情報の提供等を求める登記事務の取扱いについての背景	1　（39）
2　目的	筆界確認情報の提供等に関する考え方を示し筆界確認情報の取得が困難な場合にも円滑な不動産取引が可能となるような登記実務の運用を実現	2　（40）
3　筆界の調査・認定の基本的な考え方について	筆界関係登記が申請された場合の登記官の調査と筆界確認情報を筆界の調査・認定の資料とする場合の基本的な考え方	2　（40）
4　筆界確認情報の提供等を求めることについての留意点	筆界確認情報の提供を求める場合と求めない場合の留意点	4　（42）
第2　筆界が明確であることから筆界確認情報の提供等を求めないものと判断することができる場合における筆界の調査・認定	筆界が明確であると認められる場合とその判断	5　（43）
1　復元基礎情報について	図面に図示された筆界を現地に復元することが可能である事例の列記	5　（43）
2　復元基礎情報が記録されている図面の具体例等	復元基礎情報として扱うことができる情報が記録されている代表的な図面の具体例	6　（44）
3　図面情報の評価について	現地復元性を有する図面に該当すると明確にいえるものと明確にいえなくとも復元基礎情報といい得る情報についての評価	11　（49）
4　適用手法	筆界が明確であると認められるための地域別の要件	11　（49）

(1) 申請土地の地域種別が市街地地域である場合	市街地地域	12（50）
(2) 申請土地の地域種別が山林・原野地域である場合	山林・原野地域	15（53）
(3) 申請土地の地域種別が村落・農耕地域である場合	村落・農耕地域	16（54）
第3 筆界が明確であるとは認められない場合における筆界の調査・認定	筆界が明確であるとは認められない場合における当該土地の状況によって行う筆界の調査・認定	17（55）
1 隣接土地を共有登記名義人又は未登記相続人の一部の者が外部的に認識可能な状況で占有している場合	外部的に認識可能な状況で占有者が存する場合	17（55）
2 隣接土地に共有登記名義人等である占有者が存在せず、合理的な方法で探索をしてもなお隣接土地の共有登記名義人等の一部の者の所在等が知れない場合	占有者が存せず、合理的な方法で探索をしても隣接土地の共有登記名義人等の一部の者の所在等が知れない場合	18（56）
3 隣接土地に共有登記名義人等である占有者が存在しない場合であって、合理的な方法での探索の結果、所在等を把握することができた共有登記名義人等のうちの一部の者から筆界確認情報の提供等があった場合であって、その他の共有登記名義人等から筆界確認情報を求めることが過重な負担となる場合	占有者が存せず、隣接土地の共有者の一部の者から筆界確認情報の提供があった場合	19（57）
4 合理的な方法で探索をしてもなお隣接土地の所有権の登記名義人、共有登記名義人等の全部の者の所在等が知れない場合	隣接土地の登記名義人等の所在が不明の場合	20（58）

第1章　表示に関する登記における筆界確認情報の取扱いに関する指針の解説　5

(1) 隣接土地に使用収益の権限を有することが明らかな者が存する場合	使用収益権者が存する場合	20 (58)
(2) 隣接土地の過去の所有権の登記名義人との間で筆界確認情報を作成している場合	過去の登記名義人の筆界確認情報が存する場合	21 (59)
第4　筆界確認情報への押印及び印鑑証明書の提供	筆界確認情報への押印及び印鑑証明書の提供の要否	22 (60)
第5　留意事項	1　立会いの要否 2　実地調査の要否 3　不動産登記規則第93条ただし書報告書	23 (61)

法務省民事局
令和4年10月

所有者不明土地対策のための筆界認定に関する表示登記の運用見直し

概要

隣地の所有者が不明な土地や共有者（相続人）が多数存在する土地等（隣地所有者の筆界確認情報※1を得ることが困難な土地）について、取引に必要な登記手続※2を円滑に行うことを可能とするため、筆界認定の適正を確保する新たな運用を令和4年度から開始（令和4年4月14日付け通達発出）しつつ、申請人の負担軽減を図りつつ、筆界認定の適正・分筆の登記申請件数は、年間約80万件・分筆の地積更正申請件数は、年間約170万件

※1「筆界確認情報」とは、申請者と隣地の所有者とが筆界の位置を確認してお互いの認識が一致したときに、その確認結果を書面等に記録したもの
※2 R3年中の地積更正・分筆の登記申請件数は、年間約80万件・約170万件

これまでの取扱いと課題

- 土地取引の際には、土地を測量した上で、登記簿上の地積を修正する「地積更正の登記」や土地を分ける「分筆の登記」が行われることが多い。
- この登記を行うためには、対象土地の区画を把握する、隣地との筆界の認定が必要（筆界は、土地間の公的な境（所有権と異なる））
- これまでの実務では、筆界の認定のための有力な証拠として申請人が隣地所有者との間で取り交わした筆界確認情報（印鑑証明書）を申請書に添付している。
- 他方、近年、所有者不明土地の増加や、人間関係の希薄化に伴い、隣地所有者から筆界確認情報の添付を求める場合もある。）、近年、所有者不明土地の増加や、人間関係の希薄化に伴い、隣地所有者から筆界確認情報を得ることが困難なケースが増加。

今回の運用見直しのポイント

① 隣地所有者不明 ····· 登記官の調査によって筆界が明確と認められる場合（精度の高い地図がある場合等）には、筆界確認情報の提出を求めないことにする。

② 相続人多数 ····· 相続人全員ではなく、筆界確認情報のうち現に占有する者のみで足りるとするなど、筆界確認情報の添付を求める範囲を必要最小限にする。

③ 印鑑証明書 ····· 隣地所有者の押印や印鑑証明書の添付は求めないこととする。

④ 適正性の確保 ····· 筆界確認の重要性は従来と変わらないから、申請人の負担を軽減しつつも、登記官の必要な調査により筆界の認定、筆界調査の適正性は十分確保する。

⇒ 従来は筆界確認情報に重きを置いていた筆界の認定や登記官による筆界認定、現地調査や保管資料を活用した、登記官による積極的な筆界認定

- 法務局の取扱要領の改訂等を経て、令和4年10月3日から、全国全ての法務局において運用を開始

[従前] [運用見直し後]

現地調査や既存資料を活かした筆界認定
登記官による積極的な筆界認定

見直しの効果

従前
① 筆界確認情報が得られないため、②隣地に多数の共有者（共有者）が存在し、取引を断念・躊躇することが困難な場合、筆界確認情報を得ることが困難なため、
② 訴訟等による筆界確定を要する（手間と時間がかかる）といった対応を要する。

見直し後
これまでに登記が困難であった事案についても、円滑な登記手続が可能となり、円滑な土地取引が実現

「表示に関する登記における 筆界確認情報の取扱いに関する指針」 の位置付けとこれからの運用

大阪法務局首席登記官（不動産登記担当）
（前法務省民事局民事第二課地図企画官）
田中　博幸

令和4年4月14日付け法務省民二第535号民事局長通達「表示に関する登記における筆界確認情報の取扱いについて」（以下「通達」という。）及び同日付け法務省民二第536号依命通知「表示に関する登記における筆界確認情報の取扱いについて」（以下「依命通知」という。）が発出され、さらに、この依命通知によって、「表示に関する登記における筆界確認情報の取扱いに関する指針」（以下「指針」という。）が定められ、全国の法務局では、同年10月から、指針に基づく取扱いが開始されている。

指針の検討に当たっては、現場の登記官がどう考えどう運用するかだけでなく、土地家屋調査士がどのように対応すれば登記制度が円滑に運用されるか、土地取引を担う不動産業界の人々はどう考えるか、そして、実質的に影響を受ける国民はどう考えるか、このような視点からも検討されてきた。もちろん、文章の表現については、その手法や流儀があるが、その中身が最終的に最も影響を受ける国民にとってよいものとならなければならない。これらのことを念頭に置いて検討が進められてきたが、指針でなお言葉足らずとなっている部分については、実務における運用において調えられていると思われる。

今般、指針に関する資料をまとめるに当たり、これまで月刊登記情報728号（2022年7月号）に寄稿した「表示に関する登記における筆界確認情報の取扱いに関する指針の解説」に加筆し、指針の起案に関与した一

人としての思いを全国の土地家屋調査士、登記官、筆界に関与する方へお伝えしたい。

　本稿は、指針及び解説が示されるまでの過程において検討された内容について読者の参考になると思われることを抜粋し、指針の運用開始後、全国の土地家屋調査士そして登記官において適正に運用されることを願う気持ちを記したものである。文中意見にわたる部分は、筆者の個人的見解であることをあらかじめお断りしておく。

1．指針発出の契機

　近時、所有者が死亡した後も相続登記がされないこと等を原因として、不動産登記簿を見ただけでは所有者が直ちに判明せず、又は判明しても連絡が付かない所有者不明の土地が生じ、民間の土地取引や公共事業の用地取得など様々な場面で問題となっている。

　法務省では、平成29年度から法定相続情報証明制度、平成30年度から長期相続登記等未了土地の解消作業、令和元年度から表題部所有者不明土地の解消作業といった種々の施策の実行を開始し、全国の法務局において所有者不明土地への対応が進められている。また、第204回国会（常会）において、民法等の一部を改正する法律及び相続等により取得した土地所有権の国庫への帰属に関する法律が成立し（令和3年法律第24号、第25号）、令和5年4月27日から相続土地国庫帰属制度の運用が始まっている。また、令和6年4月1日から相続登記の申請が義務化され、今後、住所等の変更登記の申請の義務化等が実務において運用されることとなっている。

　土地の表題登記、地積に関する変更若しくは更正の登記又は分筆の登記（以下「筆界関係登記」という。）の際、登記実務においては、相互に隣接する土地の所有権の登記名義人等が土地の筆界を確認し、その認識が一致したこと及びその地点を特定して示すことを内容とする情報（いわゆる「筆界確認情報」）の提供を求めることが広く行われている。不動産登記法第123条第1号にいう筆界とは、国家が行政作用により定めた公法上のものであって不動

第1章　表示に関する登記における筆界確認情報の取扱いに関する指針の解説　9

であり、関係する土地の所有者の合意によっては処分することができない性質のものであると考えられている。したがって、筆界確認情報は、相互に隣接する土地の所有者間の合意によってその位置や形状を定めることを目的として作成されるものではなく、既存の筆界がどこにあるかについての認識を所有者が相互に確認した結果を書面に表したものであると評価されている。登記官による筆界の調査・認定は、目には見えないが既にある筆界を言わば「発見」し、申請内容の正しさを確認するための行為でもある。一般に、土地の所有権が重要な権利として意識されていることに鑑みると、土地の所有者はその土地の筆界についてよく知る者であると考えられ、筆界確認情報は、登記官が筆界を確認する際の重要な資料となっている。

　ところが、所有者が死亡し相続人の所在が不明である場合、相続人が多数に上る場合、近隣関係の希薄化により隣接する土地の所有者の協力が得られない場合など、昨今の所有者不明土地の増加等により、筆界確認情報の作成に困難を伴う事案が生じている。他方で、不動産登記法第14条第1項地図や座標値の記録された地積測量図等が登記所に備え付けられるようになった現下においては、筆界確認情報を用いずとも、登記官による筆界の調査・認定が可能なのではないかとの指摘があった。

２．筆界の調査・認定の在り方に関する検討会

　このような情勢の中、令和２年１月から４回にわたり、実務家や有識者、関係省庁等を構成員とする「筆界認定の在り方に関する検討会」が開催され、令和３年４月にその検討結果が「筆界の調査・認定の在り方に関する検討報告書」として取りまとめられた。これは、筆界の調査・認定に当たっての筆界確認情報の利用の在り方や筆界確認情報を得ることが困難な場合における、筆界の調査・認定の在り方の方向性などを内容としている。この検討会の検討の経緯については、月刊登記情報701号、705号、706号、709号に4度にわたり掲載され、令和３年６月に発行された雑誌『「筆界の調査・認定の在り方に関する検討報告書」の解説』にまとめられており、お読みになった方も多いことと思う。

3．筆界の調査・認定の在り方に関する検討報告書

検討会の報告書の概要は次のとおりである。

(1) 本文第1「はじめに」

筆界関係登記の申請の際には、実務上、筆界確認情報が提供されることが少なくないが、所有者不明土地の課題等により、筆界確認情報の提供のための関係者の協力が得られないケースが増えてきていることから、検討会として、筆界確認情報を得ることが困難な場合等を主として念頭に置きつつ、筆界関係登記における筆界の調査・認定の在り方を整理することを目的として検討を行い、代表的なケースについて検討した上で、考えられる筆界の調査・認定の在り方の方向性とその課題を提示しようとするものであることを明確にしている。

(2) 本文第2「筆界の調査・認定の在り方」

以下の項目を掲げ、筆界の調査・認定の基本的な考え方及び現状を改めて明らかにし、筆界確認情報の利用の在り方がいかにあるべきかを明確にしている。

---

① 筆界の調査・認定の基本的な考え方について

② 登記所における筆界確認情報の利用の現状について

③ 筆界の調査・認定に当たっての筆界確認情報の利用の在り方について

④ 付言（永続性のある境界標の設置について）

---

(3) 本文第3「おわりに」

検討会の結果が登記実務上の課題の解決に向けて積極的に対応されることを望んで結びとしている。

(4) 別添資料

別添資料では、第1として、筆界が明確であると認められる場合における筆界の調査・認定のために、筆界に関する情報と現地復元性について取り上

げ、筆界が明確であると認められるための要件を列記し、また、その場合に筆界確認情報の提供等を求めることなく筆界認定を行うことを提言している。

　第2として、筆界が明確であると認められない場合における筆界の調査・認定をどのようにして行うかを提言している。

4．通達等の文書の発出

⑴　前　　提

　平成16年の不動産登記法全部改正に伴い、不動産登記規則において筆界を示す資料である地図の種類や地積測量図の作成方法等が定められ、筆界特定制度の創設を目的とした平成17年の不動産登記法一部改正において「筆界」という言葉が定義され、筆界特定制度が運用される中で、筆界に関する資料の評価や筆界の特定方法が整理されてきたところである。平成16年の不動産登記法全部改正までは、筆界の認定に当たり、どのような土地についても筆界確認情報の存在がある程度大きかったが、平成16年以降、地図や地積測量図などの筆界を示す数値資料が法務局などに備え付けられ、数値資料と現地の境界標等による筆界の確認方法が整理されたものの、筆界確認情報の取扱いについては検討されてこなかった。その一方で、所有者不明土地の増加や近隣関係の希薄化により、どのような場合にも筆界確認情報を求めることは、国民に過度な負担を求めていることにもなり、筆界確認情報の利用の在り方をどうするか、筆界確認情報が必要な場合はどのようなときかといったことを全国統一した取扱いとすべく通達が発出されたと考えられる。前記3の検討報告書を参考にした上、取扱いの浸透や理解しやすい内容とするため、通達の中に細かな事柄全てを盛り込むのではなく、具体的な取扱いについては、依命通知の別紙として指針という形でまとめられた。

---

　①　令和4年4月14日付け法務省民二第535号民事局長通達「表示に関する登記における筆界確認情報の取扱いについて」

　②　令和4年4月14日付け法務省民二第536号依命通知「表示に関する

登記における筆界確認情報の取扱いについて」

　③　同依命通知別紙「表示に関する登記における筆界確認情報の取扱いに関する指針」

(2)　通達等の内容

　これまで、筆界関係登記の申請に際しては、法令に定めのある添付情報に加え、登記官の行う筆界の調査及び認定の重要な判断要素として、「相互に隣接する土地の所有権の登記名義人等が現地立会い等によって土地の筆界を確認し、その認識が一致したこと及びその地点を特定して示すことを内容とする情報」として、筆界確認情報の提供を求める取扱いが実務上一般的であった。他方で、所有者不明土地の増大とともに、筆界確認情報の作成及び登記所への提供が困難な事案も増加しており、筆界関係登記の申請に際して筆界確認情報の提供等を求める取扱いについては、合理的な範囲に絞り込むことが求められている。通達は、このような状況を踏まえ、次の3点を定めている。

　①　現地復元性を有する登記所備付地図又は地積測量図等の図面が存在する場合には、原則として筆界確認情報の提供等は求めないものとする。

　②　筆界確認情報の提供等を求める場合であっても必要最小限にする。

　③　上記①②に係る取扱いの詳細は指針によるものとする。

(3)　指針の構造

　以上の3つにより、具体的取扱いの内容が指針の形で示されたという構造になっている。

　第1で総論について、第2で筆界確認情報の提供等を求めないものと判断することができる場合について、第3で筆界が明確であるとは認められない場合について、第4で筆界確認情報への押印及び印鑑証明書の提供について、第5で留意事項について記述している。また、分かりにくいと思われる

第1章　表示に関する登記における筆界確認情報の取扱いに関する指針の解説　13

点、誤解を受けやすい点については、注意書きも付されている。

　指針内の解説の内容については、筆界関係登記を処理するに当たって必要な知識（例えば、地図情報システムの座標値がどのようにして登録されているか、地震後のパラメータ変換、日本測地系から世界測地系への変換作業、地籍図が測量成果か図上読取りか、といったこと等）を盛り込み、初めて表示の登記に従事する人が見ても「このような歴史がある」ということを理解できるような記述にするとともに、法務省内外の分散された文献を探索することなく、筆界関係登記に必要な知識の多くを網羅的に得ることができるようなものにすることが意図された。

5．指針の使い方

(1)　事例の当てはめ

　筆界関係登記を申請しようとしている土地がどのような土地であるかによって指針の当てはめを行い、筆界確認情報が必要な事案かどうか、必要であれば筆界を確認すべき者が誰であるかを判断するための基本的な事項等が明記されている。

　例えば、隣地所有者が不明の場合に、理論上現地復元性を有する復元基礎情報（指針第2の1）があれば、指針の各項目に当てはめを行い、筆界確認情報がなくとも筆界の調査及び筆界関係登記の申請は比較的容易にできるであろうし、隣地所有者が共有者で複数存在するときにどれだけの筆界確認情報を作成するかといったことをまず指針により切り分けをし、目の前の具体的事案に適合する手法を採っていくこととなる。

　このように、筆界関係登記を申請するに当たり、指針のどの項目に該当するかを確認し筆界の調査を行うことにより、申請人及び代理人である土地家屋調査士の負担が軽減されるとともに、全国において統一された取扱いとなると考えられた。

(2)　指針内の解説

　指針は、筆界関係登記に精通した人以外の人も読むことを考慮し、予備知識として最低限必要な情報が解説として記述されている。解説では、法務局

に備付け又は保管されている資料がどのような作業や経緯によって現在の形で保存されているかという、筆界の調査としては必要と思われるが法務局職員以外ではなかなか知る機会のない内容も記述されている。現在、登記所等に座標値を有する資料がある場合には座標値に重きを置いて筆界が検討されていることから、法務局に備え付けられている座標値を有する資料がどのようにして作成され、座標値が何を示しているかを理解することは、筆界関係登記の事前調査において重要であるため、解説において説明されている。

　また、指針では、昭和35年の不動産登記法全部改正に伴う表示登記制度の創設以降の地積測量図の作成方法等のほか、昭和30年代から同40年代にかけて行われた土地台帳と登記簿の一元化後の法務局における地図又は地図に準ずる図面（以下「地図等」という。）の保管に関する歴史にも触れられている。

　平成10年代以前は、登記事項証明書の交付や地図等の公開事務（以下「乙号事務」という。）を法務局職員が処理していたため、法務局職員は、登記所内にどのような資料が保管されており、それらの資料がどのような経緯で作成されたかを熟知していた。もちろん、土地家屋調査士も土地台帳や旧土地台帳附属地図のことは当然に知っていたし、それを活用してきた。しかし、平成20年代から乙号事務の窓口が民間に委託され、法務局の職員が乙号事務の窓口を通じて国民と触れ合う機会が少なくなると同時に、書庫内にある古文書のような重要な資料に接する機会も少なくなってしまった。「若い土地家屋調査士は不動産登記法第14条第4項図面の地図訂正をするのに旧土地台帳附属地図を見もしない」という古参土地家屋調査士の嘆きを聞いたことがあるが、今後登記官にも同じようなことが起こるかもしれない。旧土地台帳附属地図の存在をそもそも知らないのであれば、それを確認することもないが、知っていれば確認しようという気になるだろう。このような考えもあり、こんなこともあんなこともある、ということを解説に追加していくうちに法務局に保管されている資料の歴史もちりばめた解説となったが、誤解や間違った使い方、登記官と土地家屋調査士との無用なすれ違いといった起案者が意図しない問題が生じてしまうことを防ぐため、指針本文中に盛り込まれたものである。

第1章　表示に関する登記における筆界確認情報の取扱いに関する指針の解説　15

⑶　フローチャート

　指針は、本文と解説が交互に並んでいるため、ともすれば求める事項がどこに記述されているかが分かりにくくなってしまうことも想定されたことから、これを防ぐため、目次、用語集及びフローチャートが作成された。フローチャートは、土地の地域別による筆界の確認資料やその評価、資料に基づく筆界の確認方法を理解するための補助資料として利用されることが想定され、法務局職員による調査及び審査のための補助的な資料ではあるが、土地家屋調査士にとっても有益と思われる。このように指針の該当箇所を確認するための索引として役立つものであるが、飽くまでも指針本文の内容を理解するための補助的な資料であり、指針本文を熟読した上で、指針そのものの内容を適切に理解することが重要であることはいうまでもない。

　フローチャートが指針とともに示された後、フローチャートをたどると間違った答えになる、全ての案件を満たしていないのではないか、といった意見が寄せられたことがあった。これは通達発出前の意見照会時から指摘され、当初から予想していたことであり、指針発出と同時に出されたＱ＆Ａ（後記⑷参照）でも言及されている。全ての案件を一つのフローチャートで満たすことを意図しているのではなく、このフローチャートを使うのは基本的に登記官をはじめとした法務局職員や土地家屋調査士であり、筆界に関する基本的な知識を有した上で指針の当てはめを行うための補助又は参考として使用し、フローチャートでたどり着いた事例について指針本文と当該案件とが対応しているかは、土地家屋調査士が調査・判断し、最終的には登記官がその当てはめを行った結果、筆界の認定をすることに留意いただきたい。

⑷　Ｑ＆Ａ等

　通達、依命通知及び指針のほかに、以下の参考資料が発出された。

---

①　表示に関する登記における筆界確認情報の取扱いに係るＱ＆Ａ【76頁】

②　不動産登記規則第93条ただし書の報告書に係るモデル記録例【94

頁】

　これらの資料では、登記官が指針に基づいて事務を処理する際の疑問点や土地家屋調査士が作成する不動産登記規則第93条ただし書の調査報告書（以下「93条報告書」という。）の記録例が示されている。

　全国において統一された取扱いとなるためには、通達及び依命通知の意図が誤解なく理解される必要があるが、そのような内容を全て指針に盛り込むことは困難であり、別途、可能な限り個別具体的な取扱いなどを、分かりやすくフォローするなどの配慮がされた。例えば、Ｑ＆Ａでは、指針を作成する中で寄せられた質問を盛り込み、指針に入れるまでもないが、誤解のないよう念のためＱ＆Ａに登載するという内容もあった。また、隣地所有者不明土地の場合に土地家屋調査士として93条報告書にどのような内容を記録するのか、登記官としてどの程度まで記録されていれば判断できるのか、といった記録する内容についてある程度のサンプルを提示することにより、登記官によって異なる判断となることを最小限にとどめるとともに、事案によって記録例に基づき記録する内容を派生、発展させることで、現場で効率よく、かつ、より適正な事務処理が行われることが意図された。

6．意見の反映

　指針を起案するに当たっては、検討会の報告書も参考にされたが、現場で効果的かつ効率的に運用するためには、申請人の依頼によって土地の調査及び筆界の調査を行う土地家屋調査士並びに筆界関係登記の審査を担う登記官にとって十分に有意義と認められるものとならなければならない。そこで、指針案を作成後、その案を法務局及び日本土地家屋調査士会連合会（以下「日調連」という。）に提示し、意見及び提案を聴取し、大きな意見から小さな意見まで可能な限り取り入れられた。

　指針ができるまで、法務局と日調連に対して指針案を提示し、3度にわたる意見照会が行われ、法務局からは約460件、日調連からは約240件、合計約700件の意見が寄せられた。いずれも現場の登記官や土地家屋調査士の経験

第1章　表示に関する登記における筆界確認情報の取扱いに関する指針の解説　17

と知識に基づくもので、なかには指針案と相反するものもあったが、よくぞ書いてくれたという応援や賛成の意見も数多く寄せられた。また、意見照会を行う都度、土地家屋調査士の指針案に対する理解が深まっていったという声もあがった。

　法務局及び日調連から寄せられた意見や提案の中には、筆界の考え方や筆界に関する資料の取扱いなどに関する歴史についてのものもあり、それを指針の中に解説という形で取り入れることとされた。指針は、筆界確認情報の取扱いについて示すことを主眼としたものであるが、先に述べたとおり、指針の本文だけでは、筆界の過去の取扱いや筆界に関する資料が作成された経緯が分からず、そのような知識を承知している者でなければ理解することができない内容となってしまうおそれがあったが、解説として指針に盛り込み、指針全体を読み込むことにより筆界の認定についての考え方が分かるよう、歴史的経緯を含め可能な限り詳細に記述された。このように、指針は、3度にわたる意見照会を通じて提出された約700件の法務局及び日調連からの経験と知識に基づく内容が盛り込まれており、全国の法務局職員及び土地家屋調査士の意見を取り入れたものとなっている。

　すなわち、この指針は、クレジットは民事局民事第二課となっているが、法務本省が単独で作成したものではなく、全国の登記官を中心とした法務局職員と土地家屋調査士の知恵と経験とニーズが入った内容となっている。

7．今までと変わらないこと

⑴　基本的考え方

　指針は、これまで明確ではなかった筆界確認情報の取扱いを示したものであるが、基本的な考え方として従来の筆界の確認方法や取扱いが大きく変更されるものではない。

　筆界関係登記において隣地所有者の筆界に関する認識を書面に表した筆界確認情報が重視されていることから、隣地所有者が不明の場合等、筆界確認情報が取得できなければ筆界特定の申請を促す登記官もあったが、他方、地図や地積測量図等の現地復元性を有する資料がある場合には、当該案件にお

いて調査を要する事項や、調査結果によっては、筆界確認情報がなくとも登記官が筆界を認定できる可能性があることから、土地家屋調査士が登記官に相談し、協議をする例もあった。

　筆界確認情報は、筆界関係登記における法定の添付情報ではなく、筆界確認情報が提供されないことのみをもって当該申請に基づく登記ができないと判断することはできないことから、隣地所有者が不明であり立会いができないため筆界確認情報が取得できないときは、申請前に代理人土地家屋調査士が登記官に相談をすることがある。そのようなときは、登記所にどのような資料が備え付けられており、土地家屋調査士が調査した結果、登記所外にどのような資料があり、境界標の埋設を含めた現地の状況や測量の成果はどうであるか、それらがどのように一致し、又は相違しているかという土地家屋調査士による調査結果に基づき、当該申請において筆界確認情報が提供されなければ登記官が判断できない案件なのか、それとも筆界確認情報がなくとも登記官が筆界を認定できる事案なのかを他の登記官や統括登記官とも協議し結論が出されていた。

　このように、指針が存在しなかったときであっても、筆界確認情報が提供されなくても登記官が筆界を調査・認定することができる事案はあったが、筆界特定の申請を促す登記官は、筆界を認定できる権能がありながらその力を発揮していなかった可能性があるし、登記官に必要な情報を提供できなかった土地家屋調査士は自らの筆界を調査する専門的能力を発揮することができていなかったと思われる。土地家屋調査士が自らの調査の結果として、できるものはできる、できないものはできない、と判断すること及び、登記官が土地家屋調査士の調査結果を調査し、登記を実行し若しくは却下することは、それぞれに期待される当然の役割であると考える。このことは、今までと変わらないことであると考える。

(2)　指針第1の4解説

　指針第1の4解説に「例えば、4項地図の地域において、①隣接土地の所有権の登記名義人等が不明な場合で、②筆界と思われる箇所に筆界を表すと思われる何らかの構造物や自然地形が存在し、かつ、③4項地図と現況測量

をした図面とを重ね合わせた結果、両者に十分な整合性が認められる場合、そこを筆界と認めることにより何らの疑問も生じないと登記官が判断することができるのであれば、そこを筆界として認めることに何ら不都合は生じない。」という記述があるが、この点について意見照会時にいくつか質問が寄せられた。この部分は、今までと変わらない土地家屋調査士と登記官の営みの一つとして指針の解説に例示したものである。これらの質問のうち、後日の役に立つと思われた質問に対してはＱ＆Ａという形で公開されたので参照いただきたい【76、77頁】。

また、①この解説は隣地所有者が合理的な理由がなく筆界の確認に協力しない場合にも適用できるか、②この解説のような事案での土地家屋調査士の調査結果を登記官が否定することがあるか、という質問が寄せられたので紹介する。

この二つの質問に対する回答とすれば、①については、隣地所有者の筆界の認識がどうであるかによると考える。不動産登記法第14条第4項地図に準ずる図面は筆界を証する情報がないことがほとんどであり、地積測量図等の復元基礎情報がない場合は、所有者の認識の確認（人証）が筆界を認定する有力な情報となるが、隣地所有者が合理的な理由がなく筆界の確認に協力しない場合、その有力な情報である人証がないこととなり、筆界の認識がどうであるか（認識がないことも重要な情報となる）、協力しない理由が筆界の認識の相違に起因するものかどうかを登記官は承知する必要がある。そして、筆界の認識の相違がある場合は、その内容を確認せずして筆界を認定することは難しいと考える。協力が得られない理由が筆界の認識に関することでなく、例えば気分感情から協力したくないということもよく耳にする理由の一つであるが、その場合は、土地家屋調査士の調査により筆界の認識に相違がない又は異論がないことが分かる情報（93条報告書への記録等）があれば、人証としての一つの情報となり得ると考える。登記官は、書証・物証・人証等によって示された事実関係が矛盾していないか、矛盾しているのであればどの証拠を採用するか又はしないかも調査している。指針第1の4解説のような事例では、場合によっては調査の一環として登記官が隣地所有者へ立会

依頼書を送付し、立会いや筆界の認識の確認を試みることもある。

②については、土地家屋調査士の調査結果が登記官の調査結果とそごする場合や筆界を認定するに当たっての登記官の心証が得られない場合は、土地家屋調査士の調査結果を登記官が認めることができない場合もあろう。その場合は後記14の協議等により、何が支障であり、どうすればよいかを検討することとなる。

(3) 負　　担

土地家屋調査士からは、指針の発出後は負担が増えるのではないか、という意見が寄せられた。しかしながら、筆界の確認を要する事件を受託した際、その土地のみを測量して判断することは極めてまれで、少なくとも隣接する土地は測量するはずであり、隣接する土地の所有者が不明である場合や指針第1の4解説に該当するような不動産登記法第14条第4項地図に準ずる図面の事案などであれば、筆界の調査に必要な範囲の測量や分析は十分に行っていると思われることから、今までと比して極端に負担が増えるとまではいえないと考える。また、仮に指針による取扱いができないのであれば、筆界特定を申請せざるを得ない事案もあることから、それと指針の適用事案とを比べると、指針により代理人土地家屋調査士及び申請人の負担は軽減されると考える。

8．今までと変わること

指針発出後、法務局における指針以上の詳細な具体的取扱いについて、表示登記事務取扱要領等の各法務局長の通達等で定められ、運用が始まっているが、これにより今まで全国区々の取扱い、ものによっては登記官ごとに区々な取扱いとなっていたものが、ある程度統一された取扱いとされることが期待される。登記官は独立した行政機関であることから、土地でも建物でも、具体的な案件については、個別の事情を考慮して結論を出すことがあるが、内容や状況が類似する申請において、結果が異なることは適当ではないと考える。

今まで筆界特定を申請するよう登記官から促されていたような案件につい

ても、通常の登記申請により処理できるような事例は少なくないと思われ、そのような事例が本指針の適用事案である場合には、土地の利活用の円滑化が図られると思われる。

　指針により筆界関係登記における筆界確認情報の作成又は提供を要する場合が整理されたことにより、筆界は、まず、地図や地積測量図などの数値資料と現地の境界標や構造物により筆界の位置を検討又は確認するのであって、これらにより筆界の位置を明確に判断できないときに関係する土地の所有者による筆界の認識を明らかにした筆界確認情報を筆界確認資料として活用するという、筆界確認の方法と資料の位置付けが明確にされたともいえる。

　他方で、関係する土地の所有者の筆界に関する認識を確認することの重要性は従来と変わらないから、単に筆界確認情報の提供を要しない事案を設定したということではない。申請人の負担を軽減しつつも、土地家屋調査士による筆界の調査と登記官による土地家屋調査士の調査内容及び結果の確認により、筆界関係登記の事務処理の適正性を確保することは当然であり、通達、依命通知及び指針が、登記官と土地家屋調査士の認識を一にする存在となることが想定される。

　なお、指針において明確とされた筆界のうち分筆により形成された筆界及び換地処分により創設された筆界については、原則として、指針及び解説において示されている数値資料や境界標が示す位置が筆界であり、筆界確認情報を作成したとしても、その資料等に錯誤があるような場合を除き、公差の範囲を超えて他の位置を筆界とすることはできないことに留意願いたい（筆界確認情報により合意したものが筆界となるわけではない）。

9．指針及び指針の解説についての補足

⑴　現地復元性

　指針では、「現地復元性」という単語を使用しているが、誤解を招かないよう、指針第2【43頁】注9）で注釈が付されている。

　図面に示された点について、世界測地系の座標値が記録されていれば、測

量機器を使用して、当該座標値によって示された点を機械的に現地に表示することが可能であり、このことは、当該座標値が測量成果に基づくものであっても、図上読取りに基づくものであっても変わるものではない（図面が作成された際に前提とされた誤差（国土調査法施行令（昭和27年政令第59号）別表第四所定の誤差）の限度内で、図面上の点が現地に表示されたとき、図面上に示された点が登記手続上許容される精度で現地に表されたものと評価される）。ここで注意すべきことは、この作業で確認又は復元した点が筆界であるかどうかの判断であると考える。その点が筆界であるか否かを判断する場合には、座標値が絶対であると短絡的に決めつけるのではなく、第2の4（筆界が明確であると認められるための地域別の要件）の適用手法によって現地における構造物や境界標を考慮して判断することになることが改めて付言された。

(2) 印鑑証明書の要否

　指針第4では、筆界確認情報への押印及び印鑑証明書の提供について言及されている。令和2年、行政手続の国民の負担を軽減する観点から押印の見直しが国及び地方公共団体において積極的に議論された。筆界確認情報には署名だけでよいのか、押印が必要か、押印された印鑑についての印鑑証明書が必要かといったことは、過去に地図訂正や地積の更正登記においては、隣接する土地の所有者による筆界の位置に対する同意又は承諾を証する書面として印鑑証明書を添付する取扱いとして、表示登記事務取扱要領等で規定されている局もあった。

　そもそも何らかの文書に押印が必要かどうかについて考えると、民事訴訟手続においては、私文書は、証拠となるためには、その成立が真正であることを証明しなければならないが（民事訴訟法第228条第1項）、その方法として、文書の成立の真否は印影の対照によっても証明することができ（同法第229条第1項）、また、私文書は、本人の押印があるときは、真正に成立したものと推定すると規定されている（同法第228条第4項）。

　そこで、筆界確認情報について、その成立を証明するために、その作成者の実印を押印した上、印鑑証明書を添付することになっていたと考えられる。作成された筆界確認情報の真正を担保するため、印鑑証明書の添付が求

められることがあったが、これは、登記所において、筆界確認書に押印された印鑑の印影と、印鑑証明書上のそれとが一致していることを確認すれば、当該筆界確認書が作成名義人の作成に係るもの、すなわち、作成名義人の意思に基づく内容の文書であることが担保されていることとなり、登記所にとっては、極めて便利な取扱方法であったと思われる。

しかしながら、全ての事案について押印がなければ筆界確認の情報として不足が生じるわけではないだろうし、筆界確認情報が提供される場合において、代理人である土地家屋調査士が調査、確認し、その結果が記載された93条報告書が提供されていることから、93条報告書に記録された情報が真正であることを前提として処理が進んでいく。仮にそれを疑う事情があるのであれば、登記官が実地調査により確認することも可能である。このような考え方により、押印と印鑑証明書について指針で言及された。

(3) 立 会 い

指針第5の1では、立会いについて言及するものではない旨が明記されている。

指針は、筆界確認情報の取扱いを中心に言及し、そのために必要な知識や留意事項が解説に記述されている。指針が発出された端緒は、隣地所有者が不明である場合、筆界関係登記を申請しようとしたが立会いもできず筆界確認情報の取得ができないがためにその申請ができず土地の取引もできない、又は、筆界特定の申請が必要となり費用と時間を多大に要することが多いことから、それらの問題を解消することにあった。

他方、隣地所有者が不明でない場合の筆界関係登記の際には、土地家屋調査士は、隣地所有者に対し、筆界に関する説明、筆界の認識の確認や境界標を設置するための立会いを行うべきと考える（復元基礎情報がある場合はそれに基づく調査結果の説明が中心となるであろうし、復元基礎情報がない場合は筆界の認識を確認することが中心となるであろう）。このような立会いは原則必要であり、例外として立会いを要しない（又はできない）場合が可能性としてあり得るということである。この例外は指針中で明記されており、例えば、隣地所有者が不明な場合や合理的な理由がないにもかかわらず筆界の確認を

拒否している場合がこれに当たる。なお、ここでの立会いとは、①現地で直接確認する方法、②現地ではないところで図面や画像等で確認をする方法、③現地を承知している等の場合で対面又は電話等の通信機器を使用し口頭で行う方法、といった広義のものを指す。

指針があたかも筆界関係登記における新たな処理方法であると誤解されて捉えられ、例えば、不動産業者から「新たに指針が出たから筆界確認情報の提供を要しないのなら立会いも省略してよいではないか」といった類いの指摘がされるようなことは適当ではなく、筆界確認情報の提供を要しないイコール立会い不要（省略）ではない。もちろん、土地家屋調査士が故意や悪意を持って立会いを省略するような働きをすることは断じて許されるものではない。

(4) 筆界確認情報の作成と提供

指針では、筆界確認情報の提供を要しない事案を明記しているが、それ以外の事案について、書面として筆界確認情報の提供が必須かというと必ずしもそうではないと思われる。例えば、これまでも93条報告書に「年月日隣地所有者○○と立会いし、筆界がK○点－K○点であったことを確認した。」等の筆界を確認した記録がされ、それ以外に不自然な点がなければ筆界確認情報の提供を省略してよいとする取扱いが、表示登記事務取扱要領等で表示の登記の処理について定められている局もあった。このような取扱いについては指針が発出されたからといって変更されるわけではない。

なお、法務局に筆界関係登記を申請するために筆界確認情報を作成するということ以外にも、売買等による土地取引のため筆界確認情報の作成が必要であったり、土地所有者から後日のトラブル防止のために筆界確認情報の作成を依頼されたりすることも多いであろうから、法務局に提出するか否かということと筆界確認情報を作成することについて、関係はあるがイコールではない。このように、筆界確認情報の作成と提供は、当該土地によって対応することとなるであろう。実際、指針運用後、多くの土地家屋調査士は指針で筆界確認情報の提供を要しないとされている事例においても筆界確認情報を作成しているだろうし、それに実印を押印し、印鑑証明書を添付する運用

第1章　表示に関する登記における筆界確認情報の取扱いに関する指針の解説　25

がされていると聞いている（【61頁】第4解説）。これは、土地所有者が求めることが理由の一つでもあるが、土地所有者としても土地家屋調査士としても筆界の確認は、隣接する土地の所有者双方にとって重要なことであり、重みを持ったものであるからであろう。

　一方、売買等の土地の取引において、隣接する全ての土地の所有者が署名等をした筆界確認情報が作成されない場合には、不動産業者が、所在不明や立会拒否などの理由のいかんを問わず、立会確認ができなかった者が所有する土地に係る筆界について、筆界特定書を筆界確認情報の代替資料として求めることがあるとのことだが、筆界が明確な事案についてこのような申出があった場合には、土地家屋調査士において指針の趣旨及び内容を丁寧に説明し、理解を求めることが必要である。

(5)　実地調査との関連

　指針第5の2では、登記官が行う実地調査について言及されている。

　登記官が行う実地調査は、原則行うものの、平成23年3月23日付け第728号通達により、「表示に関する登記における実地調査に関する指針」が改定（以下「実地調査指針」という。【138頁】）されており、現在は、実地調査指針に基づき実地調査の実施に係る判断がされている。筆界確認情報が提供されない場合に実地調査を省略できるかどうかは、基本的には、実地調査指針に基づいて判断することとなるが、指針に該当する隣地所有者が不明である場合や立会いに協力が得られない事案は、実地調査を要するものが多いと思われる。

　指針による運用が開始されると実地調査が極端に増えるのではないか、という指摘があったが、日調連からの聴取によると、指針が活用される事案としては一般的な事件の1割程度ではないかという意見があり、実地調査が極端に増加することは想定されていない。登記官として大事なことは、実地調査すべきものは行い、省略できるものは省略するということであると考える。

10. 土地家屋調査士の調査（筆界関係）と93条報告書の内容

「隣地所有者の立会いがなくとも、そこを筆界と確認できたのか」について、土地家屋調査士の調査の結果を文書や図面で明らかにし、93条報告書に表現する必要がある。93条報告書の具体的記録内容については、土地家屋調査士の個性が出るかもしれないが、数多くの登記申請を処理する登記官としては、ある程度統一した記録内容であることが調査をするに当たって効率的である。そこで、日調連と協議し、申請の多い事案についてはこのような記録内容が好ましいというサンプルが示された（【94頁】資料：不動産登記規則第93条ただし書の報告書に係るモデル記録例）。このようなサンプルを活用し、効率的かつ、適正、効果的な事務処理がされることが期待される。

また、座談会（後記16参照）において、ビジュアル的に分かりやすい事例の解説がほしいとの要望が寄せられたことから、令和5年7月から月刊登記情報において、「目で見る筆界の調査・認定事例」が連載されている。このような事例を全てそのまま当てはめることはできないかもしれないが、今、目の前にある事案と類似している部分について参考にしていただけたらと思う。

なお、このようなある程度の定型文や参考事例があったとしても、93条報告書の記録内容は真実でなければならないのは当然であるし、具体的かつ、分かりやすい表現が求められる。

11. 土地家屋調査士以外からの申請の場合

指針の案作成時の意見照会では、指針の対象となる事案は土地家屋調査士が代理申請する場合に限られるのではないか、という意見が寄せられた。

93条報告書は、土地家屋調査士が作成するものであり、筆界関係登記を土地家屋調査士以外の者が申請する場合は、93条報告書が提供されないこととなる。このような観点から、93条報告書が提供されない場合は、登記官が筆界を認定するのは困難ではないかという意見があった。また、土地の所有者は、筆界を調査するために必要な専門的能力を有していないことが通常であ

り、土地家屋調査士が関与しない事案についても指針の対象とするのは適当ではないという意見も出されたが、指針で土地家屋調査士が代理人となった申請に限定したことを明記していない理由は、全ての土地所有者が筆界を調査する専門的能力を有していないとも限らず、筆界が明確である場合には、測量技術さえ伴えば筆界関係登記を申請することが可能であり、当該申請に基づき登記されることも想定されるからである。一方、別の例として、測量の技術を有しており、地積測量図を作成することは可能であったが、筆界に関する調査ができていない場合は、登記官はその調査不足を申請人に聴取するなどして補足することとなるであろうし、それでも登記官が筆界を認定することができない場合には、指針に該当する事案であっても却下せざるを得ない事案もあると想定される。そのような場合においては、申請人である土地所有者は、改めて土地家屋調査士に筆界の調査及び登記の申請を依頼（委任）することになろう。

12. 地図訂正の場合の筆界確認情報

　指針では、地図訂正に関連して、印鑑証明書の添付については触れているが（【60頁】第4解説）、筆界確認情報に関しては言及されていない。

　登記の実務においては、法定ではないが、地図訂正の申出には隣接する土地の所有者等の利害関係人の承諾情報を添付することとされている（注）。具体的な実務においては、地図訂正の申出の際に筆界確認情報と承諾情報を兼ねた情報を作成し添付している例や、筆界確認情報と承諾情報を別々の情報で作成し添付している例がある。

　利害関係人の承諾情報の提供を求める趣旨は、通常、土地の筆界は、当該土地の所有者と隣接する土地の所有者等がよく知っているはずであり、これらの者の承諾情報の提供があれば、当該申出の真正が担保されることは経験則上明らかであり、登記官がその地図訂正の申出の内容が適正なものであるか否かを判断する有力な情報となるということである。

　地図訂正の申出は、地図等が誤っている場合に土地所有者からの申出によりされるものであるが、隣接する土地の所有者の合意によって筆界が移動す

ることはないことから、登記官は、現地と地図等が異なるからといって直ちに地図等を訂正できるわけではないし、筆界確認情報や承諾情報があるから地図等を訂正できるわけでもない。地図訂正申出の際に一般的に提供される承諾情報は、地図訂正に関係する土地所有者の筆界の認識とともに、登記所に備え付けられている地図等を訂正することの認識も確認するための資料であって、登記官がその申出の内容が適正なものであるか否かを判断する場合の有力な資料であり、これらは指針が発出されたことによっても何ら変わることはない。

以上のことから、地図訂正の実務において提供される添付情報のうち、承諾情報については何ら取扱いが変わることはなく、筆界確認情報については、指針の各項目の適用によるものと考えられた。筆界確認情報については、指針の各項目に該当するのであれば、提供を求めない場合もあるであろうし、該当しないのであれば提供を求める場合があるということになる。

なお、隣地所有者が不明である土地が構成する筆界について、地図訂正ができるかどうかについては、現地の状況及び地図等の成り立ち等によって判断することとなり、事案によって判断することとなると考える。

注：昭和52年12月7日付け民三第5936号民事局第三課長回答（抜粋）
　　旧土地台帳附属地図に記載された土地の境界の表示に誤りがあるときは、所有者その他の利害関係人は、その誤りを証するに足りる資料を添えてその訂正の申出をすることができる。関係資料、他の利害関係人の証言、物証などから当該境界の表示が明らかに誤りであることを登記官において確認できる場合には、必ずしも利害関係人全員の同意書の添付を要しない。

13. 地図作成事業に係る筆界の認定

指針は、筆界関係登記を中心とした筆界確認情報の取扱いについて示すことを主眼とされたものであるが、ここで示された考え方は、登記官が行う全ての筆界の認定に適応することから、法務局が実施する地図作成事業においても、指針及び法務省登記所備付地図作成作業規程（基準点を除く）第22条第2項第4号に基づき、積極的に登記官が筆界を認定することとなる。

第1章　表示に関する登記における筆界確認情報の取扱いに関する指針の解説　29

14. 登記官と土地家屋調査士間の協議

　登記官が登記所保管資料以外で目にするものは、申請書とその添付情報と申請代理人としての土地家屋調査士が有する情報である。しかし、申請を依頼された土地家屋調査士の前には国民がその結果を待っている。

　例えば、土地を利活用するために分筆をしたい、売買や将来子どもが境界紛争で困らないように筆界を確認した結果に基づき地積更正をしたい、といった様々な理由で筆界関係登記の申請がされる。そこで、「隣地所有者が不明であるから登記できません」ということではなく、どうしたら登記をすることができるかを追究することが今後の登記官には求められていると考える。もちろん、筆界特定でなければ解決できない事案も数多いだろうが、隣地所有者が不明であったり、相続人の一部が不明であったり、合理的な理由がないにもかかわらず筆界の確認を拒否している者がある場合などで、指針どおりでは進められない案件があった場合は、まず土地家屋調査士は登記官に相談し、そして、登記官はその相談に真摯に対応することが求められる。また、登記官は、土地家屋調査士からの検討案を示した相談に対応する場合は、一人の意見だけではなく、複数の登記官の意見として検討し、そして可能な限り登記官が考える処理案を示して協議し、土地家屋調査士には、一人だけの登記官の見解ではなく、各登記所、必要に応じて各法務局の組織としての回答が求められる。このようなとき、何のために登記官と土地家屋調査士が存在するのか、そのことを少し立ち止まって考える余裕があるとよいと考える。言葉尻を捉えて指針に該当しないと判断するのは適当でなく、どのようにすれば筆界の認定ができるかを追求することが望ましい。単に「できない」ではなく、この事案はどのようにしたら申請人の目的を達成できるかを土地家屋調査士と登記官とが共にそれぞれの立場で考えていくことが肝要である。

　そのためには、互いに知識を充実させる研さんや経験の蓄積は必須であり、知識と経験が豊富な者が、新たにその業務に取り組むこととなった初学者等へ知識と経験の伝承を続けていくことが求められている。

15. 運用開始直後の課題

令和4年10月、全国で指針に基づいた運用が開始された頃、法務局に取扱いの現状を聴取したところ、多くの法務局からは特段の問題はないとの回答があったが、いくつかの法務局からは土地家屋調査士との対応として、次のような課題が寄せられた。

①立会いが不要になったと勘違いされている、②立会いが不調になったときには、登記官が全部やってくれるのではないかと勘違いされている、③93条報告書にどのように記録すればよいのか分からないと相談されることがある、④隣接する土地の所有者が不明の案件でも93条報告書に何も記録されていなかった、⑤画地調整をどのようにしようかという相談がある。

これらは、運用開始当初であり、指針の内容が浸透していないことに起因するものと思われ、事例を重ねるごとにこのような課題は収まっていくと考えているが、各法務局と各都道府県の土地家屋調査士会で指針の解釈や取扱いについて、必要に応じて協議することも指針を適正に活用していくためには有益である。

16. 座 談 会

令和4年7月12日、「表示登記における筆界確認情報の指針を踏まえた今後の実務」と題して座談会が行われた【100頁】。座談会では、検討会に参加した一部のメンバーの他、土地家屋調査士、法務局、法務省の担当者が出席し、指針が出された経緯やそのときに各立場でどのような考えを持っていたのか、今後どのような運用が求められるのか、といったことが話題となった。

17. おわりに

指針作成のため、第一案から第三案までを作成し、各案について法務局及び日調連に対し意見照会をし、多数の意見が寄せられた。その意見一つ一つを検討し、指針に反映すべき意見は反映し、回答すべき意見には丁寧に回答

した。いずれの意見も登記行政をよりよくしたい、また、国民（所有者と隣地所有者双方）にとってよりよい運用に向けて届けられた意見と捉え、その一つ一つの意見に真摯に向き合ってきた。意見が相反するものもあり、意見の提案者全ての思いと一致することにはなり得ないが、そのほとんどを満たすまでのものとなっていると思いたい。不足するものは、今後の登記実務において登記官や土地家屋調査士が補完し、よりよい運用がされることを願っている。

　指針の主題であるところの「筆界の認定」は、土地の表示に関する登記の根幹をなすともいうべき重要な作業であるが、その認定にはときに困難を伴う。指針を読み込むことにより、そこに含まれる先達の経験と知恵から、実務に役立つ多くの知見を得ることができるはずである。

　土地の取引の前提としてされることも多い筆界関係登記を円滑に進めることは、経済活動の活性化にも資するものであり、特に所有者不明土地の増加が社会問題となっている昨今において、法務局の役割として大いに期待される分野であると考えられ、指針の趣旨を踏まえつつ、このような役割をも意識して事務処理に当たることが望まれる。

　目の前の事案を指針に当てはめて検討するとき、言葉尻を捉えて指針の事例に該当しないと近視眼的に判断するのではなく、この事案は筆界確認情報がなければ処理できない事案であるか、筆界確認情報を要するとすれば立会確認を得るべき者は誰であるのか等を総合的に俯瞰し、必要に応じて登記官と土地家屋調査士が協議し、どのようにすれば筆界の認定ができるかを追求することが望ましいと考える。

　土地家屋調査士法第1条では、土地家屋調査士は「筆界を明らかにする業務の専門家」とされている。土地家屋調査士はこの精神を実行に移し、調査結果を登記官に伝え、国民によりよい成果を届けてほしい。登記官は、全国の土地家屋調査士の前にいる国民のために働いている。共に力を合わせ、よりよい表示の登記が行われることを切に願っている。

法務省民二第５３５号
令和４年４月１４日

法　務　局　長　殿
地方法務局長　殿

法務省民事局長

　　　表示に関する登記における筆界確認情報の取扱いについて（通達）
　　土地の表題登記、地積に関する変更若しくは更正の登記又は分筆の登記
（以下「筆界関係登記」という。）の申請に際しては、法令に定めのある添付情
報に加え、登記官の行う筆界の調査及び認定の重要な判断要素として、「相
互に隣接する土地の所有権の登記名義人等が現地立会い等によって土地の筆
界を確認し、その認識が一致したこと及びその地点を特定して示すことを内
容とする情報」（以下「筆界確認情報」という。）の提供を求める取扱いが一般
的となっています。
　　一方、近年、土地の所有権の登記名義人の死亡後に相続登記がされること
なく放置されているため、相続人が不明な場合や相続人が判明してもその所
在を把握することが困難な場合など筆界確認情報の作成及び登記所への提供
（以下「筆界確認情報の提供等」という。）が困難な事例が増加しており、筆界
関係登記の申請に際して筆界確認情報の提供等を求める取扱いについては、
合理的な範囲に絞り込むことが求められています。
　　これらの状況を踏まえ、隣地所有者が不明であるなど、筆界確認情報を得
ることが困難な場合においても、円滑な不動産取引を可能とするため、筆界
関係登記の調査に当たっては下記の点に留意し、事務処理に遺憾のないよ
う、貴管下登記官に周知方取り計らい願います。
　　　　　　　　　　　　　　　　記
１　現地復元性を有する登記所備付地図又は地積測量図等の図面が存在する
　　場合には、原則として筆界確認情報の提供等を求めないものとする。

第１章　表示に関する登記における筆界確認情報の取扱いに関する指針の解説　33

2　筆界確認情報の提供等を求める必要がある場合であっても、求める筆界
　確認情報は、登記官が筆界の調査及び認定をするために必要な最小限の範
　囲のものに限るものとする。

3　上記1及び2に係る取扱いの詳細については、別途定める「表示に関す
　る登記における筆界確認情報の取扱いに関する指針」によるものとする。

法務省民二第５３６号

令和４年４月14日

法務局民事行政部長　殿

地方法務局長　殿

法務省民事局民事第二課長

表示に関する登記における筆界確認情報の取扱いについて（依命通知）

　標記については、本日付け法務省民二第535号民事局長通達が発出されたところですが、同通達に係る取扱いの詳細について、別添のとおり「表示に関する登記における筆界確認情報の取扱いに関する指針」（以下「指針」という。）を定めましたので、指針を踏まえて、各局の不動産の表示に関する登記の事務取扱要領等における筆界確認情報の取扱いを整理し、適正かつ効率的な事務処理を行うよう、貴管下登記官に周知方取り計らい願います。

　なお、本件については、日本土地家屋調査士会連合会から各土地家屋調査士会に対しても周知される予定ですので、申し添えます。

第１章　表示に関する登記における筆界確認情報の取扱いに関する指針の解説　35

表示に関する登記における

筆界確認情報の取扱いに関する指針

（令和４年４月１４日付け法務省民二第５３６号依命通知）

令和４年４月

法務省民事局民事第二課

第１章　表示に関する登記における筆界確認情報の取扱いに関する指針の解説　37

目　次

第１　総論 1
1　背景 1
2　目的 2
3　筆界の調査・認定の基本的な考え方について 2
4　筆界確認情報の提供等を求めることについての留意点 4
第２　筆界が明確であることから筆界確認情報の提供等を求めないものと判断することができる場合における筆界の調査・認定 5
1　復元基礎情報について 5
2　復元基礎情報が記録されている図面の具体例等 6
　(1)　１項地図 7
　(2)　地積測量図 7
　(3)　筆界特定登記官による筆界特定に係る図面 7
　(4)　筆界確定訴訟において確定した判決書の図面 7
3　図面情報の評価について 11
4　適用手法（筆界が明確であると認められるための地域別の要件） 11
　(1)　申請土地の地域種別（規則第１０条第２項）が市街地地域である場合 ... 12
　(2)　申請土地の地域種別が山林・原野地域である場合 15
　(3)　申請土地の地域種別が村落・農耕地域である場合 16
第３　筆界が明確であるとは認められない場合における筆界の調査・認定 17
1　隣接土地を共有登記名義人又は未登記相続人の一部の者が外部的に認識可能な状況で占有している場合 17
2　隣接土地に共有登記名義人等である占有者が存在せず、合理的な方法で探索をしてもなお隣接土地の共有登記名義人等の一部の者の所在等が知れない場合 18
3　隣接土地に共有登記名義人等である占有者が存在しない場合であって、合理的な方法での探索の結果、所在等を把握することができた共有登記名義人等のうちの一部の者から筆界確認情報の提供等があった場合であって、その他の共有登記名義人等から筆界確認情報を求めることが過重な負担となる場合 19
4　合理的な方法で探索をしてもなお隣接土地の所有権の登記名義人、共有登記名義人等の全部の者の所在等が知れない場合 20
　(1)　隣接土地に使用収益の権限を有することが明らかな者が存する場合 20
　(2)　隣接土地の過去の所有権の登記名義人との間で筆界確認情報を作成している場合 21
第４　筆界確認情報への押印及び印鑑証明書の提供 22
第５　留意事項 23

（凡例）法＝不動産登記法（平成 16 年法律第 123 号）
　　　　令＝不動産登記令（平成 16 年政令第 379 号）
　　　　規則＝不動産登記規則（平成 17 年法務省令第 18 号）
　　　　準則＝不動産登記事務取扱手続準則（平成 17 年 2 月 25 日法務省民二第 456 号民事局長通達）
　　　　旧準則＝不動産登記事務取扱手続準則（昭和 52 年 9 月 3 日法務省民三第 4473 号民事局長通達）

第1 総論

1 背景

　土地の表題登記、地積に関する変更若しくは更正の登記又は分筆の登記（以下「筆界関係登記」という。）の申請に際しては、法定添付情報ではないものの、「相互に隣接する土地の所有権の登記名義人等 [注1] が現地立会い等によって土地の筆界 [注2] を確認し、その認識が一致したこと及びその地点を特定して示すことを内容とする情報」（以下「筆界確認情報」という。）の提供を受けることが登記実務の一般的な取扱いとなっており、多数の法務局等 [注3] において、不動産の表示に関する登記の事務取扱要領等に筆界確認情報の提供を求める規定が置かれているのが実情である。

　一方、近年、土地の所有権の登記名義人等の死亡後に相続登記がされることなく放置されているため、相続人が不明な場合や相続人が判明してもその所在を把握することが困難な場合、更には相続人が多数である場合などがみられるほか、隣人関係の希薄化などから筆界確認情報の作成 [注4] 及び登記所への提供（以下「筆界確認情報の提供等」という。）について、筆界関係登記の申請に係る土地（以下「申請土地」という。）に隣接する土地（以下「隣接土地」という。）の所有権の登記名義人等の協力が得られない場合が増加しているなど、筆界確認情報の取得には困難を伴うことがあり、円滑な不動産取引の阻害要因となっていることに加え、公共座標値が記録された登記所備付地図（以下、法第14条第1項所定の地図を「1項地図」と、同条第4項所定の地図に準ずる図面を「4項地図」とそれぞれいう。）及び地積測量図等の整備が着実に進んでいることから、筆界関係登記の申請に際して幅広く筆界確認情報の提供等を求める登記実務上の取扱いについては、現在の社会情勢を踏まえつつ合理的な範囲に絞り込むことが必要であるとの指摘がされている。

[注1]　所有権の登記がある一筆の土地にあっては所有権の登記名義人、所有権の登記がない一筆の土地にあっては表題部所有者、表題登記がない土地にあっては所有者をいい、所有権の登記名義人又は表題部所有者の相続人その他の一般承継人を含む。

[注2]　表題登記がある一筆の土地とこれに隣接する他の土地との間において、当該一筆の土地が登記されたときにその境を構成するものとされた二以上の点及びこれらを結ぶ直線をいう。

[注3]　法務局及び地方法務局をいう。

[注4]　筆界確認情報は当事者間で取り交わされるものであり、その記載内容等は様々であるところ、これに含まれる一般的な事項としては、「〇年〇月〇日現地において立会いの上、筆界を確認した。」又は「〇年〇月〇日現地において立会いの上、異議なく承諾（同意）した。」旨及び立会者による署名又は記名押印並びに現況平面図（確認された土地の境界や測量時点に存する建物や工作物等を記載した図面）といったものが挙げられる。なお、ここにいう「作成」とは、登記所への提供を目的とした作成をいい、当事者が必要に応じて任意に作成することを含まない。

1

第1章　表示に関する登記における筆界確認情報の取扱いに関する指針の解説　39

指針
第1の2

（解説）
　背景に記載した場面の具体例は、以下のとおり。
① 　土地の所有権の登記名義人の死亡後、相続人が不明である場合。
② 　所有権の登記名義人又は未登記相続人の所在を把握することが困難である場合。
③ 　隣人関係の希薄化などから筆界確認情報の提供等について隣接土地の所有権の登記名義人の協力
　が得られない場合。
④ 　筆界確認情報への署名又は記名押印に際して過大な要求が行われる場合。

2　目的

　　登記実務の観点から、筆界確認情報を得ることが困難な場合における筆界認定
の在り方等を整理することを目的として発足した「筆界認定の在り方に関する検
討会^(注5)」が取りまとめた「筆界の調査・認定の在り方に関する検討報告書」（以
下「検討報告書」という。）が、令和3年6月に公表された。
　　また、令和4年4月14日付け法務省民二第535号「表示に関する登記にお
ける筆界確認情報の取扱いについて（通達）」の記1において、「現地復元性を
有する登記所備付地図又は地積測量図等の図面が存在する場合には、原則として
筆界確認情報の提供等を求めないものとする」旨が、同記2において、「筆界確
認情報の提供等を求める必要がある場合であっても、求める筆界確認情報は、登
記官が筆界の調査及び認定をするために必要な最小限の範囲のものに限るものと
する」旨が、それぞれ示されたところである。
　　本指針は、検討報告書に記載された提言を踏まえつつ、おおむね以下のような
構成で、筆界確認情報の提供等に関する考え方を示すことにより、筆界確認情報
の取得が困難な場合にも円滑な不動産取引が可能となるような登記実務の運用を
実現することを目的とする。
(1) 　通達の記1に係る場合について、「第2　筆界が明確であることから筆界確
　認情報の提供等を求めないものと判断することができる場合における筆界の調
　査・認定」として記述する。
(2) 　通達の記2に係る場合について、「第3　筆界が明確であるとは認められな
　い場合における筆界の調査・認定」として記述する。

3　筆界の調査・認定の基本的な考え方について

　　登記所に筆界関係登記が申請された場合には、登記官は、筆界関係登記の申請
に関する全ての事項を調査しなければならず（規則第57条）、必要があると認
めるときは実地調査をし（法第29条）、この調査の結果に基づき、その申請の

---

^(注5)　一般社団法人金融財政事情研究会の主催により発足し、土地家屋調査士、弁護士、司法書
　士等の実務家に加え、法学研究者や有識者、財務省、国土交通省、法務省、法務局などの関係
　省庁を構成員として、令和2年1月から4回にわたって開催された。

2

とおりの登記をするか、又は不適法なものとして申請を却下するかを決定しなければならない（法第２５条）。

　そのため、登記官は、筆界関係登記の申請の調査においては、当該申請に係る土地の筆界 (注6) の全てについて、申請情報に併せて提供される地積測量図に記録された筆界の位置及び形状に誤りがないことを調査することとなり、この調査に当たっては、調査の対象となる土地の筆界が形成された当時に作成された客観的な資料を基礎とし、加えてその他の参考となる資料を総合的に勘案した上で、登記の可否が判断される。

　筆界確認情報を筆界の調査・認定の資料とするとしても、その信頼性については適切に評価をする必要がある。具体的には、筆界確認情報の内容が筆界に関する登記所保管資料や客観的な事実関係と矛盾していないことを確認し、筆界確認情報の内容が筆界を示すものであるとの心証が得られる場合に限り、筆界の調査・認定の資料として採用するのが相当である。

　そして、筆界確認情報を筆界の調査の過程において資料として採用すると判断した場合であっても、当該情報は筆界の認定に当たっての一資料であるにとどまり、筆界の認定の根拠として当該情報のみに依拠することは必ずしも相当ではなく、他の筆界の認定の資料を総合考慮して筆界を認定すべきである。

（解説）

　登記官は、筆界関係登記の申請の調査に当たって、調査の対象となる土地の筆界が形成された当時に作成された客観的な資料（おおむね以下の①から③までのようなもの）を基礎とし、加えてその他の参考となる資料を総合的に勘案することにより、合理的な判断をすることができる。

①　明治初期に実施された地租改正事業により創設された筆界

　　当該事業による成果として作成された旧土地台帳附属地図

②　分筆の登録又は登記により創設された筆界

　　当該分筆の登録又は登記に係る地積測量図（分筆の登録申告書又は登記申請書の添付情報）

③　旧耕地整理法、土地改良法、土地区画整理法等に基づく換地処分により創設された筆界

　　当該換地処分の所在図又は換地確定図等

　上記の図面等（書証）を基礎資料としつつ、周辺土地を含めた現地における既設境界標又はこれに代わる恒久的地物の設置状況、境界工作物（ブロック塀、ネットフェンス、生け垣等）の設置状況、土地の外形上の特徴（自然地形）及び占有状況等の事実（物証）を把握するとともに、必要に応じて、申請土地と隣接土地の所有権の登記名義人等、近隣住民、地元精通者等から、境界標や境界工作物の設置者及び設置経緯、地形の変化の有無、筆界に関する認識等の供述・証言等（人証）を得て、これらの中で客観性のある事実関係を重視して総合的に判断するのが合理的である。もっとも、これらの資料が乏しい場合に関しては、入手可能な資料の中でどの資料を基礎として筆界の調査・認定を行うのが合理的であるかという観点か

(注6)　ここでいうところの筆界とは、国家が行政作用により定めた公法上のものであって、関係する土地の所有者の合意によっては処分することができない性質のものである。

らの資料の評価が重要である。例えば、後記4の解説2段落目中の、②及び③の部分は、この観点から、旧土地台帳附属地図についての評価を行うための手法の一例となり得る。

4 筆界確認情報の提供等を求めることについての留意点

(1) 後記第2の4以降において、筆界確認情報の提供等を求めないものとする場合を具体的に例示するので、本指針発出以降は、例示した場合については、原則として筆界確認情報の提供等を求めないものとする。

(2) 後記第3においては、主に隣接土地の所有権の登記名義人等が不明の場合を例示しているが、本指針はその場合に限られるわけではなく、隣接土地の所有権の登記名義人等が判明している場合であっても本指針の条件を満たしていれば、筆界確認情報の提供等を求めないものとして差し支えない点に留意されたい。

(3) 本指針で例示した場合に加え、筆界に関する登記所保管資料、登記所外に保管されている資料、規則第93条ただし書に規定する調査報告書（以下「93条報告書」という。）、実地調査の調査結果等に基づき、筆界の確認が可能な場合については、筆界確認情報の提供等を求めないものとする。

(4) 筆界確認情報の提供等があった場合であっても、登記官が個別の事案に応じて筆界確認情報を利用することなく、客観的な資料や事実関係に基づき筆界の調査・認定を行うことが妨げられるものではない。

(5) 本指針において筆界確認情報の提供等を求めないものとされた類型に該当する場合であっても、個別の事案における具体的な事情[注7]に応じて筆界確認情報の利用による筆界の調査・認定が例外的に必要となる場合がある。

（解説）

　本指針で例示する事例以外でも、登記官が筆界を認定することができる事案は存在する。

　例えば、4項地図の地域において、①隣接土地の所有権の登記名義人等が不明な場合で、②筆界と思われる箇所に筆界を表すと思われる何らかの構造物や自然地形が存在し、かつ、③4項地図と現況測量をした図面とを重ね合わせた結果、両者に十分な整合性が認められる場合、そこを筆界と認めることにより何らの疑問も生じないと登記官が判断することができるのであれば、そこを筆界として認めることに何ら不都合は生じない。

　ただし、その場合は、ⅰ93条報告書に土地家屋調査士がその点を筆界と判断した根拠が明らかにされ、ⅱ現況測量図等の調査素図となる図面が添付され、ⅲ近隣の複数の土地の面積・辺長等の比較の結果で不自然な状況がなく、ⅳ実地調査により筆界を確認し、ⅴ実地調査書にその点が筆界であると認定した理由を記載することにより、登記官が筆界を認定することができるということになる。

[注7]　例えば、境界標の移動が疑われる場合などが想定される（第2の4解説1も参照。）。

第2 筆界が明確であることから筆界確認情報の提供等を求めないものと判断することができる場合における筆界の調査・認定

　　筆界が明確である場合には、筆界確認情報の提供等がなくとも、登記官において筆界の調査・認定が可能であると考えられるところ、筆界が明確であると認められるかどうかは、具体的には以下の1から3までを前提に、4の「適用手法」に挙げられた類型に該当するかどうかによって判断することとなる。

1　復元基礎情報について

　　次の(1)から(3)までに掲げるいずれかの情報が後記2に記載する各図面に記録されている場合には、理論上図面に図示された筆界を現地に復元することが可能である（以下、図面に関する情報のうち、理論上現地復元性を有するものを「復元基礎情報」という。）。(注8)(注9)

　(1)　筆界を構成する各筆界点についての測量成果による世界測地系の座標値
　(2)　筆界を構成する各筆界点についての測量成果による任意座標系の座標値及び当該座標値を得るために行った測量の基点の情報又は2点以上の各筆界点に対する複数の近傍に存する恒久的な地物との位置関係の情報
　(3)　筆界を構成する各筆界点についての座標値の情報が記録されていない場合における各筆界点に対する複数の近傍に存する恒久的な地物との位置関係の情報

（解説）

(1)について

　世界測地系の座標値がある場合としては、

①　1項地図

②　地積測量図

③　土地の所有権の登記名義人等が必要に応じて自己所有地について測量した成果図面、登記所を除く官公署が保有している図面等

が考えられる。

　①については、その中にも次のような区別がある。

a　世界測地系測量成果（測量の成果そのものが世界測地系の座標値）

b　日本測地系測量成果（日本測地系の測量の成果を世界測地系に変換した座標値）

c　a又はbの測量成果をパラメータ変換したもの（地震等の地殻変動に伴い測量の成果の座標値をある一定の係数により計算で変換した座標値）

d　図上読取（法務局に測量成果の提供がなかった1項地図については、当該地図を読み取って座標値を取得しているため、測量成果と一致しない場合がある。読み取る元となる地図についても出所元の図面

(注8)　(2)及び(3)に掲げる場合には、近傍の恒久的地物又は測量の基点となる点が現地に現存していることが条件となる。

(注9)　本省針にいう「復元基礎情報」の前提となる「現地復元性」とは、単に図面に示された点を、登記手続上許容可能な精度で現地に表すことができることをいう（現地に表した点が筆界であることが明確であると認められるかどうかの判断は第2の4の適用手法による。）。

5

第1章　表示に関する登記における筆界確認情報の取扱いに関する指針の解説　43

が上記ａ又はｂの場合があるところ、ｂのうち特に昭和60年代以前のものについては、平板での測量が主であるため、各筆の相対的な位置関係についての精度は確保されていても、地球上の位置としての精度については、現在の技術によって測量された座標値とは区別して検討する必要がある。）

また、①のうち、地籍図については、次のような特徴がある。

ア　昭和の時代の地籍調査においては、地域の代表者が立会いをし、土地の所有者が立会いをしていないまま作成されている可能性がある。

イ　占有界で作成されている可能性がある。

ウ　地籍調査前に4項地図と現地とが一致していなかった場合において、地図訂正により同地図を是正することができる事案であっても地図訂正をすることなく地籍図が登録されている可能性がある。この場合は、本来の筆界と地籍図に表記された筆界とが一致していても、地籍調査前の4項地図と地籍図を比べると、あたかも筆界を誤って地籍調査をしたように見える場合がある。

地籍図については、上記ア及びイの理由等により、地籍図が示す箇所とは別の位置が筆界であることが判明する場合がある。このため、地籍調査による成果を登記所備付地図として備え付けている場合において、その土地の所有者が一度も確認していない筆界、また、登記官が過去に一度も認定していない筆界を土地の所有者の立会いなしに認定するに当たっては十分な注意を要する。

ただし、ⅰ地籍調査前の4項地図と地籍図がおおむね一致し、現地においてもその筆界が不自然でない場合、ⅱ隣接土地の所有権の登記名義人等が不明な土地について、申請土地の所有権の登記名義人等が筆界に異議がない場合、については、筆界の認定を積極的にするべきである。

③のうち、土地の所有権の登記名義人等が必要に応じて自己所有地について測量した成果図面には、単に現況を示したもの等も含まれると思われることから、筆界認定の資料とすることができるかどうか、慎重に判断する必要があると考えられる。

（2）について

局地的な測量等において、測量区域を平面とみなし、その区域に適宜に設けられる任意座標系の座標値が筆界点に与えられている場合で、その測量の基点とした位置が不明であり、かつ、2点以上の各筆界点に対する複数の近傍に存する恒久的な地物との位置関係の情報の記録がないとき、又は当該記録はあるものの当該地物が亡失しているときは、理論上において図面情報の数値を用いて筆界を復元することは困難であると考えられる。

なお、この場合でも、複数の筆界点に境界標がある場合は、筆界確認情報の提供等がなくても筆界を認定することができる場合があるが、後記4で取り上げる。

（3）について

平成17年3月6日以前の地積測量図は、三斜求積法による面積計算により求積され、恒久的地物や金属鋲等を引照点とし、その引照点から筆界点までの距離を明記することにより、筆界点の位置を復元可能としたものがある。

2　復元基礎情報が記録されている図面の具体例等

土地に関する図面には多種多様なものが存在しており、その中で筆界の復元基礎情報として扱うことができる情報が記録されている代表的な図面は、以下のと

6

おりである。これらの図面に記録された復元基礎情報に基づく表示点(注10)を基礎として、現地における筆界の位置を検証することが必要である。

　これらの図面のほか、土地の所有権の登記名義人等が必要に応じて自己所有地について測量した成果図面、登記所を除く官公署が保有している図面等(注11)についても復元基礎情報として扱うことができる情報が記録されている場合があり得る。このような図面に関しても、個別に検討をした上で、これらの図面に記録されている情報（以下「図面情報」という。）が復元基礎情報の要件を備えているか否かを判断する必要がある。

(1)　1項地図

　ア　測量成果

　　筆界の復元基礎情報が記録されている図面に該当する。

　イ　図上読取

　　測量に伴う誤差に加えて他の要素の誤差が含まれている蓋然性が高く、これらの誤差の程度は図面ごとに異なることから、当該座標値の数値を用いて直ちに筆界を復元することが困難である場合が少なからずあるため注意が必要である。

(2)　地積測量図

　　登記所に提供された地積測量図は、その提供の時期により、次のアからエまでに分類されるが、復元基礎情報となり得る情報が記録されているのは主にエである。

　ア　昭和35年以降の一元化指定期日から昭和52年9月30日（旧準則の改正）までに作成された地積測量図

　イ　昭和52年10月1日から平成5年9月30日（旧準則の一部改正）までに作成された地積測量図

　ウ　平成5年10月1日から平成17年3月6日（法・規則の改正）までに作成された地積測量図

　エ　平成17年3月7日以降に作成された地積測量図

(3)　筆界特定登記官による筆界特定に係る図面（以下「筆界特定図面」という。）

(4)　筆界確定訴訟において確定した判決書の図面（以下「判決書図面」という。）

　　判決書図面は、当該図面に記録すべき図面情報の要件等が定まっていないため、図面ごとに図面情報の内容が異なっており、個別の図面ごとに筆界の復元

(注10)　「表示点」は、筆界点の座標値等の数値情報（距離、角度等）に基づき、測量機器を使用して単に現地に表した点を意味する。
　　　「復元点」は、筆界点の座標値等の数値情報（距離、角度等）を基礎としつつ、各種資料や現況等の分析及び検討を行い、本来の筆界点の位置を現地に再現した点を意味する。

(注11)　地方公共団体において、例えば、測量成果である換地確定図等を保有している場合があるほか、（登記所に座標値種別が図上読取である地籍図の備付けがある場合における当該）地籍調査に係る測量成果を保有している場合などがある（第2の1解説(1)参照。）。

7

第1章　表示に関する登記における筆界確認情報の取扱いに関する指針の解説　45

基礎情報といい得るか否かを判断する必要がある。

（解説）

土地の所有権の登記名義人等が必要に応じて自己所有地について測量した成果図面、登記所を除く官公署が保有している図面等についても復元基礎情報として扱うことができる情報が記録されている場合があり得る点等については本文中で述べたとおりであるが、仮に復元基礎情報として扱うことができるとしても、当該図面を筆界の調査・認定のために利用するためには、図面の作成の経緯、筆界に関する登記所保管資料との整合性等の観点から、当該図面に図示された特定の点や線が、筆界であると認められるかどうかについて十分に検証することが必要である。

(1)から(3)までの図面に関する補足は、以下のとおり。

(1) 1項地図

① 1項地図は、その図面が登記所に備え付けられた当時に許容される測量の方法により測量され、地域に応じた測量の精度を確保している。

1項地図に記録された各筆界点の座標値は、測量の成果である座標値を数値として記録した「測量成果」のほか、紙等に図化された図面上の筆界点の相対的位置関係を読み取って記録した「図上読取」に大別されるところ、各筆界点の座標値の種別が「図上読取」である図面については、当該座標値には測量に伴う誤差に加えて他の要素の誤差が含まれている蓋然性が高く、さらに、これらの誤差の程度は図面ごとに異なるため、相応の分析を行った上で適切な方法で座標値の変換等を行うなどして、筆界を現地に復元する必要がある。

このような状況を踏まえると、1項地図のうち座標値の種別が「測量成果」である図面については、筆界の復元基礎情報が記録されている図面に該当するものの、座標値の種別が「図上読取」である図面については、当該座標値の数値を用いて直ちに筆界を復元することが困難である場合が少なからずあり、一律に筆界の復元基礎情報となり得る情報が記録されているとまではいえない。

もっとも、1項地図の座標値の種別が「図上読取」である図面であっても、相応の分析をした結果において、座標値種別が「測量成果」と同等程度の正確性を有すると評価することができる場合はあり得るし、そのように評価することができない場合においても分析の結果に応じた検証等を実施して筆界を現地に復元することが可能となり得るため、筆界の復元に当該図面情報を用いることは当然にあり得る。

② 図上読取とは、一筆地測量の工程が平板等を使用して行われ、各筆界点の座標値が存在しないものの、地図を電子化する際に、基点となる位置に公共座標値を設定して、そこから各筆界点の位置を読み取ることにより、各筆界点に座標値を与えたものや、測量成果であって、各筆界点の座標値は存在するものの、測量計画機関から、その提供を受けることができなかったために、同様の手法により、各筆界点に座標値を与えたものがある。後者については、地図管理システム又は地図情報システムへの移行前後の過渡期に備え付けられた地図は、当該地図の供給元に測量成果が存在しても数値の情報が登記所に提供されず、図上読取により移行されたものが多い（注11参照）。

③ 平成19年7月19日付け民二第1459号民事局民事第二課長通知（登記研究723-149参照）により、民活と各省連携による地籍整備の推進の今後の方向性が示され、都市再生街区基本調査（以下「基本調査」という。）に基づく作業が行われた。基本調査では、4項地図の分類作業である基礎的

調査の実施後、現況とおおむね一致する地域、一定程度一致する地域又は大きく異なる地域に分類し、このうち、おおむね一致する地域に分類されたものについては（その地域内の特定の土地について国土交通省から送付された成果による測定結果の地積と登記記録に記録された地積との差が公差外になるなど特段の事情がない限り）、従前の4項地図を閉鎖し、基本調査の成果に基づき国土交通省が新たに作成した図面を1項地図とするものとされた。この作業による地図は、基礎となった図面の情報（和紙公図、地籍図、区画整理図等）とは異なる座標値となっていることから、筆界の認定に当っては、基本調査が行われたことを踏まえて筆界の調査をする必要がある。

④ 平成23年東日本大震災及び平成28年熊本地震等に伴う地殻変動により土地の境界が移動した地域のうち、国土地理院等が公表した基本三角点等の座標変換の値（変換パラメータ）をもって座標値の補正を行っている場合がある。

  また、この補正を行っても補正することができない程度の土地の境界の不規則な移動があった地域もあり、一筆ごとの土地の境界の確認作業である地図修正作業を経て新たな地図となった場合もある。このような地域は、地震に伴うパラメータ変換や新たな作業により、筆界点の座標値が、その基となる測量の成果から変わっている。

⑤ 測量法及び水路業務法の一部を改正する法律（平成13年法律第53号）が平成14年4月1日に施行されたことに伴い、それまで日本測地系として定められた三角点などの基準点成果としての座標数値は、世界測地系への移行に伴い変更された。これに伴い、日本測地系の座標数値であった1項地図は、国土地理院が作成した座標変換プログラムTKY2JGDを用いて世界測地系の数値に変換された。その変換がされた数値を基に現在の地図情報システムに登録されているため、この数値はパラメータ変換を経た座標値ということになる。

⑥ ②から⑤までに述べたような地域については、地図上の筆界点の座標値を現地に復元した結果が現地における筆界点を表しているか、その座標値のみで判断するのではなく、現地の構造物、他の筆界点、近隣の他の筆の筆界点を検証することとなることに注意を要する。

（2） 地積測量図

昭和35年の「不動産登記法の一部を改正する法律（昭和35年法律第14号、昭和35年4月1日施行）」及び土地台帳法の廃止により、不動産の表示に関する登記が法に創設された。これに伴い、登記簿と土地台帳の一元化指定期日以後に筆界関係登記の申請をする際には、一筆の土地ごと（分筆の登記の場合は、分筆前の一筆の土地ごと）に測量の成果に基づいて作成した図面である地積測量図を申請情報と併せて提供するものとされた。この地積測量図に記録すべき情報は、法務省令である旧不動産登記法施行細則（以下「旧不登細則」という。）に定められたが、旧不登細則の一部改正及び規則の施行（平成17年3月7日）によって地積測量図に記録すべき情報の内容が改正されたため、地積測量図の提供の時期ごとに図面から得られる情報は異なることとなり、登記所に提供された地積測量図についての現地復元性の一般的評価は、次のアからエまでのとおりとなる。

この記録すべき情報の内容を踏まえると、規則が施行された平成17年3月7日以降に提供された地積測量図は、高度な現地復元性を有しているため、筆界の復元基礎情報といい得る図面情報が記録されている図面に該当する。また、規則の施行前に提供されたものであっても、そのうちの一部の図面には土地を構成する複数の筆界点と複数の近傍の恒久的な地物との位置関係の情報の記録がされているなど、筆界の復元基礎情報といい得る図面情報が記録されている図面に該当する場合があるため、個々

の図面ごとに評価すべきである。また、復元基礎情報といい得る図面情報が記録されていない図面の場合であっても、例えば第1の4解説に記載された方法は、当該図面を利用した筆界認定の手法の一例となり得る。

ア　昭和35年以降の一元化指定期日から昭和52年9月30日まで

　　昭和35年法務省令第10号による改正後の旧不登細則第42条の4第1項本文は、「…地積ノ測量図ハ…三百分ノ一ノ縮尺ニ依リ之ヲ作製シ地積ノ測量ノ結果ヲ明確ニスルモノナルコトヲ要ス」と規定していた。そして、昭和37年法務省令第10号による改正後の同項本文は、「…地積ノ測量図ハ…三百分ノ一ノ縮尺ニ依リ之ヲ作製シ方位、地番、隣地ノ地番並ニ地積及ビ求積ノ方法ヲ記載シタルモノナルコトヲ要ス」と規定していた。

　　当初の地積測量図は、測量の結果のみを明らかにすることが目的とされていたが、その後、方位、地番、隣接地番、地積及び求積方法など現地における土地の区画の形状を把握することのできる情報の記録が定められた。しかし、境界標の記載は義務付けられておらず、機能としては面積測定機能のみであり、現地復元性が低いものであった。

イ　昭和52年10月1日から平成5年9月30日まで

　　昭和52年法務省令第54号による改正後の旧不登細則第42条第1項本文は、地積測量図の縮尺を250分の1とする旨を規定するとともに、同条第2項は、「前項ノ地積ノ測量図ニハ土地ノ筆界ニ境界標アルトキハ之ヲ記載スベシ」と規定し、前記アに加え、境界標の設置がある場合にはその境界標を記録することとされた。

　　地積測量に基づいて設置あるいは確認した境界標を地積測量図に明確に記録し、これによって、現地復元性を有する図面としての役割を持たせ、後日における境界紛争や机上分筆の防止を目的とした。

　　しかし、境界標の設置がない場合に、常に近傍との恒久的地物との位置関係を記録する規定にはなっておらず、現地復元性を付与するという観点からは不十分であった。

ウ　平成5年10月1日から平成17年3月6日まで

　　平成5年法務省令第32号による改正後の旧不登細則第42条第2項は、「前項ノ地積測量図ニハ土地ノ筆界ニ境界標アルトキハ之ヲ、境界標ナキトキハ適宜ノ筆界点ト近傍ノ恒久的ナル地物トノ位置関係ヲ記載スベシ」と規定した。

　　地積測量図に記録すべき情報として、前記イに加え、境界標の設置がない場合には適宜の筆界点と近傍の恒久的地物との位置関係を記録すべきこととされたことにより、現地復元性が強化された。

エ　平成17年3月7日以降

　　地積測量図に記録すべき情報は、方位、地番（隣接地の地番を含む）、地積、求積方法、縮尺、筆界点間の距離、平面直角座標系の番号又は記号、基本三角点等に基づく測量の成果による筆界点の座標値、境界標の設置がある場合にはその境界標、測量の年月日及び基本三角点等に基づく測量ができない場合には、平面直角座標系の番号又は記号、基本三角点等に基づく測量の成果による筆界点の座標値に代えて、近傍の恒久的な地物に基づく測量の成果による筆界点の座標値とされた（「平面直角座標系の番号又は記号」及び「測量年月日」は平成22年4月1日法務省令第17号による不動産登記規則の改正に伴い盛り込まれた。）。

　　筆界点の座標値をも地積測量図の記録事項とし、かつ、その測量に当たっては、基本三角点等に

基づいて行うことが示されたことにより、現地復元性はより高いものとなった。

（3）筆界特定図面

　　筆界特定書においては、「図面及び図面上の点の現地における位置を示す方法として法務省令で定めるもの」により、筆界特定の内容を表示しなければならないものとされており（法第143条第2項）、この筆界特定図面には、規則第231条第4項各号に掲げる事項を記録するものとされている。

　　現地における位置を示す方法とは、「基本三角点等に基づく測量の成果による筆界点の座標値」又は「近傍に基本三角点等が存しない場合その他の基本三角点等に基づく測量ができない特別の事情がある場合にあっては、近傍の恒久的な地物に基づく測量の成果による筆界点の座標値」とされていることから（規則第231条第5項）、公共座標（世界測地系）や任意座標に基づく筆界点の座標値を記録することとなる。このほか、筆界特定図面には、必要に応じ、対象土地の区画又は形状、工作物及び囲障の位置その他の現地における筆界の位置を特定するために参考となる事項を記録することとされている。

　　このような各事項が記録されている筆界特定図面は、高度な現地復元性を有しているため、筆界の復元基礎情報が記録されている図面に該当する。

3　図面情報の評価について

　　上記2の図面のうち、現地復元性を有する図面に該当すると明確にいえるものは、（1）ア、（2）エ及び（3）である。一方、（1）イについても、当該座標値を用いて、直ちに筆界を復元することは困難である場合が少なからずあるが、境界標又は近傍の恒久的な地物との位置関係の情報の検討といった相応の分析をした結果において、座標値種別が「測量成果」と同等程度の正確性を有すると評価することができる場合があり得る。また、そのように評価することができない場合においても、分析及び検証等の結果、筆界を現地に復元することが可能な場合がある。さらに、（2）アからウまでの図面であっても、土地を構成する複数の筆界点と、複数の近傍の恒久的な地物との位置関係の情報の記録がされているなど、筆界の復元基礎情報といい得る情報が記録されている図面に該当するものがある。

4　適用手法（筆界が明確であると認められるための地域別の要件）

　　前記第1の3等に記載したとおり、登記官は、登記所保管資料、復元基礎情報、93条報告書及び実地調査の結果等によって、筆界を認定することとなるが、登記官が筆界を認定するに当たっては、高い測量精度が求められる市街地地域、比較的緩やかな測量精度が認められている山林・原野地域、それらの中間的な村落・農耕地域では、それぞれに筆界に関する現況を考慮する必要性及びその程度が異なり、そのため、地域種別ごとに筆界が明確であると認められるための要件には違いがある。

　　前記1から3までを前提として、以下の（1）及び（2）のアからカまでのいずれかの点で構成される筆界は明確であると認められることから、筆界確認情報の内容を考慮するまでもなく登記官の筆界認定の心証形成が可能であると考えられ、当該筆界については、筆界確認情報の提供等を求めないものとする。

11

(1) 申請土地の地域種別（規則第１０条第２項）が市街地地域である場合

ア　登記所に座標値の種別が測量成果(注12)である１項地図の備付けがある場合において、申請土地の筆界点の座標値に基づく表示点の位置に対して、公差（位置誤差及び辺長誤差(注13)）の範囲内に境界標の指示点が現地に存するときの当該指示点(注14)

イ　登記所に座標値の種別が測量成果である１項地図の備付けがある場合において、境界標が現地に存しないときにあっては、申請土地の筆界点の座標値を基礎として、地図に記録されている各土地の位置関係及び現況を踏まえて画地調整(注15)して導き出した復元点(注10)

ウ　登記所に筆界の復元基礎情報といい得る図面情報が記録された地積測量図の備付けがある場合において、当該情報に基づく表示点の位置に対して、公差（位置誤差及び辺長誤差）の範囲内に境界標の指示点が現地に存するときの当該指示点(注14)

エ　筆界特定登記官による筆界特定がされている場合において、当該筆界特定に係る筆界特定書及び筆界特定図面に記録された特定点を当該図面等の情報に基づき復元した復元点(注10)

オ　判決書図面に復元基礎情報といい得る図面情報が記録されている場合において、当該情報に基づく表示点の位置に対して、公差（位置誤差及び辺長誤差）の範囲内に境界標の指示点が現地に存するときの当該指示点(注14)

カ　判決書図面に囲障、側溝等の工作物の描画があり、それら囲障等に沿って筆界点が存するなど図面上において筆界点の位置が図示されている場合において、当該図面の作成当時の工作物が現況と同一であると認められ、現地において図面に図示された筆界点の位置を確認することができるときにおける当該位置の点

(注12)　注11に記載したような測量成果を用いることも考えられる。

(注13)　「位置誤差」とは、国土調査法施行令（昭和２７年政令第５９号）別表第四にいう「筆界点の位置誤差」を、「辺長誤差」とは、同じく「筆界点間の図上距離又は計算距離と直接測定による距離との差異」をそれぞれいう。

(注14)　境界標の指示点の位置と現況工作物等が示す位置との関係や周辺土地の現況を踏まえて、当該指示点をもって筆界点と認定することに強い疑念が生じる場合は、直ちに筆界点と認定することなく、境界標の設置者、設置経緯等の背景事情、筆界が創設された経緯、地形、境界標以外の現況工作物の位置等を総合的に勘案した上で判断する必要がある。

(注15)　既存の地図や地積測量図の情報と既設の境界標・工作物・地形等の情報を照合し、各土地の形状、筆界点間の距離、面積比率等を総合的に勘案して、筆界点の検討を行う作業。

12

（解説）

1　アからカまでについて

　　境界標は、それが設置当時のものであるか、移動していないかを確認する必要があるところ、地積測量図に境界標の表示がないにもかかわらず現地にはある場合や、種類が異なる場合には、特に注意が必要である。

　　また、実務においては、測量後に境界標を設置することもあるため、境界標の位置が常に真の筆界であるという保証はない。また、道路や外構の工事前に境界標を一時撤去し、工事完了後に元どおりの位置に設置されていない場合もあるため注意を要する。

2　ア及びイについて

　　測量成果である1項地図にあっても、地図を備え付けた後に分筆があった場合の分筆線に関する筆界点である新点については、地図情報システムの地図記入の方法によって測量成果と異なる場合があるため注意を要する。

　　例えば、地図情報システムの地図記入の際に、分筆の際に提出された地積測量図に表示されている各筆界点の座標値が、1項地図の座標値と同一であれば、座標値入力で分筆線の創成が可能であるため、基本的には、地積測量図の分筆新点の座標値と1項地図の同点の座標値は同一になる。しかし、①イメージ入力で分筆線を記入した場合、②分筆の際に提出された地積測量図に表示されている各筆界点の座標値が1項地図の座標値と同一でない（公差の範囲内）場合は、地積測量図の分筆新点の座標値と1項地図の同点の座標値は同一にならない。

　　これらの場合、分筆によって創成された新たな筆界点については、地積測量図の座標値が測量成果となる。

3　イについて

　　土地家屋調査士業務取扱要領によると、画地調整とは「基礎測量で得た成果に基づき既存資料を精査し、筆界点の検討をすること」をいうとされており、特に筆界点の位置の復元における画地調整の中では、対象土地の現況など、筆界確認の要素となるものを調査・測量した成果と、収集した官・民の資料を分析した結果等を踏まえた判断がされることとなる。画地調整の手法は、基本的なことは定まっているが、どれだけの範囲を測量や分析の対象とするか、座標値を調整・変換するための基本となる点をどこにするかといった具体的な処理については、現場によって異なる。したがって、登記官においては、画地調整をした土地家屋調査士がどのような考え方によって筆界点の座標値を求めたか、その座標値を復元した点が現地におけるどの位置になるか、土地家屋調査士がその点を筆界と考えた根拠が93条報告書に明記されているか、現況測量図等から作成された調査素図となる図面に照らし、その画地調整の手法と結果に不自然な点がないかといった点を確認することとなる。

4　ウについて

　　広範囲にわたる図面情報である1項地図に描画された点を復元した際には、現地に境界標がなくとも、描画された各土地の位置関係を全体的に考慮することにより、当該筆界点の妥当性を検証することができるのに対し、一筆地の図面情報である地積測量図については、そのような手法を採ることができない。このことを踏まえ、本指針では、現地復元性のある地積測量図上の点を現地に復元した表示点に対し、公差の範囲内に境界標の指示点が存する場合を、筆界が明確であると認められる場合の一つとして類型化した。

第1章　表示に関する登記における筆界確認情報の取扱いに関する指針の解説　51

この点、例えば、対象となる土地の付近一帯の土地に現地復元性のある地積測量図があり、それらの各土地の位置関係を全体的に考慮した検証が可能な場合などにおいては、イの適用手法に準じて取り扱うことも考えられる。

5　オ及びカについて

　　筆界確定訴訟の判決があった場合は、判決に示された点が筆界点になるのであるから、判決書図面に表記された筆界点を現地において復元することができるのであれば、判決書図面のみをもって登記官が筆界を確認することができると考えられる。ただし、判決書図面によっては、それのみで筆界点を復元することができないものも存在するところ、本指針では、一般的に復元が可能な代表的な例として、オ及びカの類型を挙げた。実際にはオ及びカ以外にも判決書図面のみをもって登記官が筆界を確認することができる事案は十分あるものと考えられる。

　　判決書図面の記載内容は様々であり、指針においてこれを網羅的に記述することは困難であるところ、指針に挙げられたものについては基本的に全国の登記官が一律に取り扱うことが想定されるが、これに外れる事例についても登記官が筆界を確認することができると判断したものについて判決書図面のみをもって筆界を認定して差し支えない点は従前のとおりである。

6　地域種別に応じた認定の在り方

　　市街化されている地域では、囲障、側溝、境界標、石垣やコンクリート擁壁等の上層の土地を支持する工作物等の設置が多く見られ、山林や原野の地域では、谷筋や尾根筋が存するなど、地形の変化を目視することができることも少なくない。このような人工的な工作物が設置されている位置、地形が変化している位置又はそれらに近接する位置には、土地利用の経緯や歴史的な経緯等を背景として筆界が存していることがある。そのため、これらの位置・形状は現地における筆界の位置を推測させる物理的状況（以下「筆界に関する現況」という。）ともいえるものであり、筆界の調査・認定に当たって考慮するのが相当であることも少なくない。

　　規則第10条第2項に規定する地域種別（以下「地域種別」という。）の各地域における1項地図、地積測量図及び筆界特定図面の測量等の精度は、それぞれの地域ごとに異なり、例えば、筆界点間の計算距離と直接測量による距離との差異の公差では、市街地地域（精度区分は甲二まで）を基準とした場合に、村落・農耕地域（精度区分は乙一まで）は約4倍、山林・原野地域（精度区分は乙三まで）は、約13倍の誤差が許容される。このように、高い測量の精度等が求められる市街地地域、比較的緩やかな測量精度が認められている山林・原野地域、それらの中間的な村落・農耕地域では、それぞれに筆界に関する現況を考慮する必要性及びその程度が異なり、そのため、地域種別ごとに筆界が明確であると認められるための要件には違いがある。

　　市街地地域では、土地は細分化されており、建物や工作物の敷地に利用されるなど、一定の用途に供されていることも多く、土地利用の需要と比例して他の地域種別の土地よりも地価が高額であるため、土地の所有者の権利意識が高い傾向にある。囲障、側溝、境界標、石垣やコンクリート擁壁など筆界との関連性が考えられる工作物の設置も多く見られる。これらの状況を踏まえると、市街地地域においては、他の地域種別の地域と比較して、筆界に関する現況を考慮する必要性は高く、さらに、表示点と筆界に関する現況が示す位置との関係を十分に検証した上で筆界の調査・認定をする必要がある。

14

(2) 申請土地の地域種別が山林・原野地域である場合 [注16]

ア 登記所に座標値の種別が測量成果である１項地図の備付けがある場合における、申請土地の筆界点の座標値に基づく表示点 [注10]（ただし、カに該当するときは、この限りでない。）

イ 登記所に筆界の復元基礎情報といい得る図面情報が記録された地積測量図の備付けがある場合における、当該情報に基づく表示点 [注10]（ただし、カに該当するときは、この限りでない。）

ウ 筆界特定登記官による筆界特定がされている場合において、当該筆界特定に係る筆界特定書及び筆界特定図面に記録された特定点を当該図面等の情報に基づき復元した復元点 [注10]

エ 判決書図面に復元基礎情報といい得る図面情報が記録されている場合における、当該情報に基づき復元した復元点 [注10]（ただし、カに該当するときは、この限りでない。）

オ 判決書図面に囲障、側溝等の工作物の描画があり、それら囲障等に沿って筆界点が存するなど図面上において筆界点の位置が図示されている場合において、当該図面の作成当時の工作物が現況と同一であると認められ、現地において図面に図示された筆界点の位置を確認することができるときにおける当該位置の点

カ ア、イ及びエの場合において、筆界の復元基礎情報といい得る図面情報に基づく表示点の位置に対して、公差（位置誤差）の範囲内に境界標の指示点が現地に存するときの当該指示点 [注14]

（解説）

　山林・原野地域においては、(1)の市街地地域と異なり、画地調整をすることを明記していない。これは、山林・原野地域の場合は、境界標や構造物がない場合が多いと想定され、また、公差の範囲が大きいこともあり、画地調整の必要性が低いためである。なお、土地家屋調査士が画地調整をし、それによって筆界を確認することを妨げるものではない。

　山林・原野地域における筆界は、谷筋や尾根筋等といった地形の変化に由来する位置に存することが多いほか、地上物である樹木の種類や樹齢、樹木の手入れの状況等が異なる位置といった土地利用の状況が変化する位置に存することがあり、これらを考慮する必要性が高い。また、市街地地域ではよく見られる筆界との関連が推測される工作物が設置されることは多くないため、工作物を考慮して筆界を調査・認定することが可能な場合は少ないと思われる。

　このような地域特性のある山林・原野地域における筆界の調査・認定では、谷筋や尾根筋等の地形に加えて、土地利用の状況が変化する位置を考慮する必要性が高い。

[注16] 申請土地が山林・原野地域に存している場合であっても、申請土地及びその周辺の土地の利用状況、開発計画の有無、近接する地域の種別等の事情に鑑みて、申請土地の地域種別の当てはめを山林・原野地域とすることが相当でないと認められる事情があるときは、市街地地域の要件を当てはめるものとする。

15

また、土地利用の状況が変化する位置については、これを所有権界と捉えることもできるが、所有権界と筆界は一致することが多いことを踏まえると、4項地図や地積測量図等の筆界に関する登記所保管資料、申請土地及び隣接土地の所有権の登記名義人等の筆界の認識等に明らかに反しない限り、当該位置をもって筆界の調査・認定の要素とすることは合理的である。

　ところで、山林・原野地域において、筆界に関する現況を考慮した表示点の評価に関しては、次のように考えるのが相当である。

　山林・原野地域における筆界は、前述のとおり、地形に由来する位置や土地利用の状況が変化する位置に存することが多いが、仮に地形に由来する位置に筆界が存すると推測される場合において、現地で筆界の位置を示すとしたときに、当該位置を点又は線で示すことが可能である場合は、現地に境界標が設置されている場合を除き、まれである。

　そもそも、明治初期の地租改正事業によって創設された山林・原野地域の筆界は、当時、税の徴収が余り見込めない土地であったため、測量の手法として目測、歩測等の誤差が多く含まれる方法が許容されるなど、厳密な位置まで求める必要性がないものとして取り扱われた経緯がある。加えて、現代においても、土地利用の需要という点では、他の地域種別の土地と比較すれば高いとはいえないことも多く、一般的に筆界を示すために設置される境界標が現地に存するという例外的な場合を除いて、表示点の評価を厳密なものとすると、かえって高コストとなり、土地利用の状況等から考えて現実的なものではなくなると考えられる。

　これらの状況を踏まえると、山林・原野地域においては、現地に境界標が存しない場合には、表示点を筆界点として認定することには合理性がある。

　なお、山林・原野地域においては、様々な自然現象により筆界の創設時から自然地形が変化していることが少なくないため、地形に由来する筆界を認定するときには注意を要する。

　おって、筆界の調査・認定の対象となる土地が山林・原野地域に存している場合であっても、当該土地及びその周辺の土地が何らかの用途に供されているため人工的な筆界に関する現況が多く存しているなど、土地の利用状況に照らし、あるいは、近い将来に宅地造成等が具体的に計画されているなどの将来における開発計画等の内容に照らし、山林・原野地域に存する土地と扱って筆界の調査・認定をすることが相当ではないこともある。そのような土地については、むしろ市街地地域の要件を当てはめるのが適切である。

(3) 申請土地の地域種別が村落・農耕地域である場合

　　村落・農耕地域に存する土地においては、原則として市街地地域の要件を当てはめ、市街地地域の要件により難い事情がある場合に限り、山林・原野地域の要件を当てはめるものとし、申請土地及びその周辺の土地の利用状況、土地開発の状況やその計画の有無、近接する地域の種別等の事情を考慮して判断するものとする。

（解説）

　村落・農耕地域の筆界に関する現況は、道路、用水路、畦（あぜ）等のほか、土地改良法（昭和24年法律第195号）に基づく土地改良事業が実施された地域では、農地と他の農地との境にコンクリート製の工作物が設置されている場合や境界標が設置されている場合がある。また、村落では、土地利用が市街地地域に近いものが見られることがあるなど、筆界に関する現況を考慮した表示点の評価に関しては、市街地地域と同様の考え方を採ることが考えられる。

　他方で、山間部に村落・農耕地域が存する場合は、市街地地域ほどの厳密な筆界の調査・認定を行う必要性は低く、一律に筆界に関する現況を考慮した表示点の評価をすることは相当ではないとの考え方があり得る。しかし、山間部に存する村落・農耕地域の土地であっても、その区画は市街地地域に存する土地と同様に、自然に形成されたものではなく、居住又は耕作の目的をもって人が手を加えた結果において形成された区画であることも多い。また、その区画された一筆の土地の地積は、山林・原野地域に存する一筆の土地の地積と比べて小さいのが一般的であり、筆界の位置のずれによる影響が山林・原野地域に存する土地よりも大きいことが考えられ、加えて日常的に管理及び使用収益されてきた土地であることを踏まえると、むしろ、市街地地域に存する土地と同様に扱うのが合理的である。

　「市街地地域の要件により難い事情」とは、居住又は耕作の目的をもって人が手を加えた結果において形成された区画ではないことが明らかである場合であり、自然に形成されたことが明らかであるような場合についてのみ「山林・原野地域」の要件を適用すべきである。そのため、「村落・農耕地域」の大部分には、「市街地地域」の要件を適用することになる。

第3　筆界が明確であるとは認められない場合における筆界の調査・認定
1　隣接土地を共有登記名義人又は未登記相続人の一部の者が外部的に認識可能な状況で占有している場合

　　　隣接土地について、共有登記名義人又は未登記相続人（以下「共有登記名義人等」という。）の一部の者が、外部的に認識可能な状況で占有している場合においては、当該占有している者の筆界確認情報の提供等で足りるものとし、他の共有登記名義人等の筆界確認情報の提供等を求めないものとする。

（解説）

1　占有の状況は様々な場合が考えられるため、ここでは、外部的に認識可能な状況で占有をしているものに限るものとしているが、例えば、被相続人とその相続人の一部の者が隣接土地に建築された建物に同居していたが、被相続人の死亡後も当該相続人が引き続き居住している場合などを典型例として想定している。

2　このような場合においては、占有者である共有登記名義人等が筆界を知り得ない等の特別な事情がない限り、占有者である共有登記名義人等の筆界に関する認識は、筆界を知り得る者の証言（人証）としての証明力（登記官の心証を動かす力）が他の共有登記名義人等よりも高いため、他の共有登記名義人等から筆界確認情報の提供等を求める必要性は低く、他の共有登記名義人等が所在不明者等であるか否かを問わず、占有者である共有登記名義人等の筆界確認情報の提供等で足りる。

3　登記官が筆界確認情報の提供を求めないとしても、他の共有登記名義人等が本人の自由な意思に

17

第1章　表示に関する登記における筆界確認情報の取扱いに関する指針の解説　55

基づいて相互に筆界を確認し、これを書面化しておくことで、将来の争いや混乱が生じることを防止しようとすることは特に妨げられるものではない。

また、占有者である共有登記名義人等の筆界確認情報の提供等により登記官において筆界に関する心証形成を図ることが可能である場合であっても、例えば、大都市中心部に存し、多数の権利に関する登記がされている土地の筆界を調査・認定する場合など、申請土地及びその周辺の土地の状況から特に慎重な判断を要する事案では、他の共有登記名義人等から筆界確認情報の提供等までは求めないとしても、念のため、登記官の実地調査の過程や土地家屋調査士の現地調査の過程で現地立会いの方法で筆界の確認を行うことは許容される。

ただし、他の共有登記名義人等のうち、その所在等が登記記録上の住所等から容易に判明し、かつ、近隣に居住している者に限り、現地立会いを求めるなど、申請土地の所有権の登記名義人に過重な負担を強いることとならないように配慮する必要がある。このほか、現地立会いの方法で筆界の確認を行い、土地家屋調査士が申請代理人となっている場合においては、現地立会いを行った者、現地立会いの状況及びその結果を93条報告書に記録するといった対応を行うことが望ましい。

4　なお、1から4までの対応については、実務上、当該土地の特性や所有・利用の履歴等も勘案しつつ、個々の事案に応じて行われるべきものである点に留意する。加えて、登記官による筆界の認定が困難である場合に、筆界特定申請を促すという実務が一般に行われているところ、1から4までの筆界確認情報によって筆界を認定することができるような場合には、筆界特定によるまでもなく、筆界関係登記を処理して差し支えないと考えられる。

2　隣接土地に共有登記名義人等である占有者が存在せず、合理的な方法で探索をしてもなお隣接土地の共有登記名義人等の一部の者の所在等が知れない[注17]場合

隣接土地に共有登記名義人等である占有者が存せず、かつ、合理的な方法での探索[注18]をしてもなお共有登記名義人等の一部の者の所在等が知れない場合に

[注17]　隣接土地の共有登記名義人等の一部の者の所在等が知れない場合と同様の問題が生じ得る場合として、例えば、共有登記名義人等のうちの一部の者について、認知機能が著しく低下している、疾病等で重篤な状態にあるなどの状況が考えられる。このような者に対して、筆界確認情報の提供等を求めてもその実現は困難であり、所在等が知れない者と同様に取り扱うことで差し支えない。また、合理的な理由がないにもかかわらず筆界の確認を拒否する者についても同様である。

ただし、認知機能が著しく低下しているような場合であっても、相続人となり得る者（子供等）の連絡先が判明している場合には、当該者への確認は可能な限り実施すべきである。

[注18]　隣接土地の共有登記名義人等の探索は、一義的には申請人（資格者代理人）において実施されるものであるところ、登記官にあっては、以下に記載するような「合理的な方法」によって当該探索が行われたかどうかを、93条報告書の記載等により確認することとなる。

自然人については、住民票（除票を含む）の写し、戸籍の附票の写し及び戸籍（除籍を含む。）の謄本を収集することを基本に、その者の特定及び住所の把握を行うものとし、当該住所地に居住している事実の確認は、現地調査を行うまでもなく現地立会いへの依頼を内容とする文書等を郵送し、その到達の有無により判断する。

他方で、申請土地の近隣住民に対して事情聴取の方法によって隣接土地の共有登記名義人等の所在を確認することについては、近時における近隣関係の希薄化やプライバシーへの配慮を踏まえると、特に都市部においては有益な情報を得られる可能性は低い。また、隣接土

は、当該探索の結果、所在等を把握することができた共有登記名義人等に筆界の確認を求めた上で、そのうちの筆界確認情報の提供等が可能な者[注19]の筆界確認情報の提供等で足りるものとする。

（解説）

　隣接土地の共有登記名義人が自然人又は法人である場合において、登記されている共有登記名義人の氏名又は名称及び住所から現在の所在を把握することができない所有者不明土地が発生しているため、筆界確認情報の提供等に困難を伴うことがある。また、隣接土地の共有登記名義人が自然人であり、相続の発生を確認することができる場合において、①相続人の全部が判明し、その生死も確認することができているが一部の相続人について現在の所在を把握することができない場合、②その相続関係の一部が不明であり、一部の相続人の特定が困難である場合、③一部の相続人についてその生死が不明であり、所在も確認することができない場合等（これら所在が不明な者及び特定が困難な相続人等を総称して、以下「所在不明者等」という。）においても、所有者不明土地ということができ、同様に、筆界確認情報の提供等に困難を伴うことがある。このように、近時、土地の所有権の登記名義人等の所在が不明であったり、その特定が困難である所有者不明土地が発生したりといった場合が少なからず生じており、これに伴って様々なコストが生じている。

　所在不明者等の探索における過重な負担を軽減するという観点から、地元精通者等への照会等については、合理的な範囲に限り行うことや現地調査を必須のものとしないなど、土地の所有権の登記名義人等の調査方法を合理的なものに限定すべきであり、合理的な方法での探索をしても、なお共有登記名義人等の一部しか把握することができない場合については、把握することができた共有登記名義人等のうち、筆界確認情報の提供等が可能である者の提供等で足りる。

3　隣接土地に共有登記名義人等である占有者が存在しない場合であって、合理的な方法での探索の結果、所在等を把握することができた共有登記名義人等のうちの一部の者から筆界確認情報の提供等があった場合であって、その他の共有登記名義人等から筆界確認情報を求めることが過重な負担となる場合

　例えば、共有登記名義人等の数が相当数であり、所在も各地に点在しているなど、筆界確認情報の提供等を求めることが過重な負担となると判断することができる場合には、筆界確認情報の提供等が可能である者の筆界確認情報の提供等で

地の共有登記名義人等の住所地の近隣住民に対して同様の方法で調査を実施することも負担が過重であり、実現可能性に乏しい。

　そこで、関係者等からの事情聴取の方法による所在等の調査は、所在を把握することができた共有登記名義人等にとどめることで差し支えない。

　共有登記名義人が法人である場合には、その法人の主たる事務所の所在地及び代表者等の商業・法人登記記録上の住所地に文書等を郵送し、これが返送された場合には、その法人の所在が不明であると扱うことで足りる（当該法人の代表者が欠けている場合においてもその選任及び登記まで求める必要はない。）。

[注19]　共有持分にかかわらず、筆界確認情報として十分な場合がある（3の場合においても同様。）。

19

第1章　表示に関する登記における筆界確認情報の取扱いに関する指針の解説　57

足りるものとする。

（解説）

「過重な負担」となる場合とは、以下のような場合が想定されるが、個々の事案に応じて判断することとなる。

① 共有登記名義人等の人数が相当数であり、所在も各地に点在しているなど筆界確認情報を求める負担が社会通念上過大と判断することができる場合

② 日本国外に居住している共有登記名義人等が容易に帰国することができないような事情が存在し、筆界確認情報を求める負担が社会通念上過大と判断することができる場合

原則としては、判明した共有登記名義人等を含めた筆界確認情報の提供等が望ましいが、登記官が筆界に関する心証形成を図ることができる筆界確認情報の提供等がある場合にまで、判明した共有登記名義人等全員との調整を要するものとするのは申請人の負担が大きいことから、個々の事案に応じて可能な限り柔軟に対応して差し支えない。

4 合理的な方法で探索をしてもなお隣接土地の所有権の登記名義人、共有登記名義人等の全部の者の所在等が知れない場合

(1) 隣接土地に使用収益の権限を有すること [注20] が明らかな者が存する場合

その者が作成した筆界確認情報について登記所保管資料や客観的な事実関係と矛盾しないことを確認することができ、筆界を示すものであるとの心証が得られる場合には、当該筆界確認情報の提供等で足りるものとする。

（解説）

使用収益権限については、申請人から提供された疎明資料から認定することができる必要がある。使用収益権者による土地の利用状況等は、事案によって様々であることから、一律に筆界確認情報の作成主体とすることは相当ではないが、例えば、使用収益権者が長期間にわたって外部的に認識可能な状況で使用収益を継続している場合や所有権の登記名義人の親族がその許諾を得て建物を所有している場合などでは、筆界の位置及び形状を知っている蓋然性が相当程度あることから、使用収益権者が認識する筆界の位置及び形状を合理的な根拠をもって説明が可能である場合などは、有力な人証として扱うことが可能である。

使用収益の権限を有しないが、当該土地を長期間にわたって占有し現に利用している者は、筆界確認情報の作成主体とはならないものの、その者が当該土地に精通している個別の事情がある場合には、当該占有者の筆界に関する認識を検討の一材料として扱うことは妨げない。

[注20] 当該土地に登記されている地上権者、賃借権者、一筆全体を地役権の範囲とする地役権者が考えられる。このほか、当該土地上の建物の所有権の登記名義人等である借地権者や使用貸借権者なども該当する。

20

(2) 隣接土地の過去の所有権の登記名義人との間で筆界確認情報を作成している場合 (注21)

その筆界確認情報について登記所保管資料や客観的な事実関係と矛盾しないことを確認することができ、筆界を示すものであるとの心証が得られる場合には、当該筆界確認情報の提供等で足りるものとする。

（解説①）

　筆界確認情報の作成主体となる者が存在しない場合においては、当該土地の過去の所有権の登記名義人がその当時に作成した筆界確認情報であっても、筆界確認情報に記録された情報が筆界の復元基礎情報となり得る情報であり、当該情報の作成当時の工作物が現存している場合については、当該情報に記録された工作物と筆界点との位置関係と現存する工作物と表示点又は復元点との位置関係とが一致するときには、当該筆界確認情報を利用することができる可能性がある。

　さらに、過去の所有権の登記名義人がその当時に作成した筆界確認情報が、その作成の当時に、筆界関係登記の申請において筆界の調査・認定の資料として採用されている場合には、地積として登記記録に反映され、地積測量図の記録内容として公示されていることになるため、筆界確認情報の作成主体となる者が存在しない場合に限らず、筆界確認情報の作成主体となる者が存在する場合についても、その者の筆界確認情報の提供等を求めないものとし、過去の登記名義人であった者が作成した筆界確認情報の提供等で足りるとする考えもある（筆界を知り得る者の証言（人証）としての証明力は、それが現在の所有権の登記名義人である方が過去の所有権の登記名義人よりも高い、又は低いとは一般的にいうことができない。）。

　他方、筆界確認情報の性質上、誤認が含まれている可能性を完全に否定することができないことから、筆界確認情報の作成主体となるべき者が現に存在している場合においては、所有者の探索に過重な負担が掛かる場合や、隣人関係の希薄化や過大な要求が行われるといった理由で、申請者において筆界の確認の協力が得られない場合など、筆界確認情報を作成することが過重な負担となる場合を除き、原則として現在の所有権の登記名義人等が作成主体となった筆界確認情報の提供等を求めるか、少なくとも、現地立会いを行うことが過重な負担となる場合を除いて、その者の筆界の認識を現地立会い等で聴取し、これを93条報告書に記録するなどの必要がある。

（注21）　現況が作成当時から変化していないなど、当該情報に記録された工作物と筆界点との位置関係と現存する工作物と表示点又は復元点との位置関係とが一致し、図面に記録された情報によって現地における筆界を調査・認定することが可能であるときを想定している。

21

（解説②）

第3以外に想定される場合

1　信託のある土地

　　受託者が実質的に土地を管理しているような場合であれば、（1）の場合（使用収益権者）に類するものとして、受託者は筆界確認情報の作成主体になることがあり得る。

2　仮登記のある農地

　　原則としては所有権の登記名義人を基準にして判断するが、実質的に土地を管理しているのが所有権の仮登記名義人であると判断することができるような場合には、（1）の場合（使用収益権者）に類するものとして、当該仮登記名義人が筆界確認情報の作成主体になることがあり得る（法105条1号の仮登記（条件不備）を想定）。

3　実体上の所有者

　　所有権の登記名義人からの譲受人（買主・受贈者等）又は時効取得者などの実体上の所有者であって、自己への所有権の移転の登記が未了である者は、申請人から提供された資料によって、その者が実体上の所有者であることが明らかである場合には、筆界確認情報の作成主体となることがあり得る。

第4　筆界確認情報への押印及び印鑑証明書の提供

　　　法務局等における不動産の表示に関する登記の事務取扱要領等のうち、筆界確認情報に押印した印鑑の印鑑証明書の提供を求める又は可能な限り求めると規定しているものが存在するが、印鑑証明書を求める法的根拠がないこと、申請人や関係者にとって過重な負担になっているとの指摘があること、政府全体として押印の見直しといった動きが加速化していること、筆界確認情報は登記官の筆界に関する心証形成の一資料であることから、筆界確認情報に署名がされ、登記官がそれを相当と認める場合には、印鑑証明書の添付は原則として求めないものとし、押印も不要である。

　　　ただし、本人の記名がされ、本人が押印した筆界確認情報の提供等がされた場合であって、押印した者が本人であることを確認した旨が93条報告書に記録され、登記官がそれを相当と認める場合には、これを署名があるものと同様に取り扱って差し支えない。また、押印に加えて、任意に印鑑証明書が添付された場合には、これを受領して差し支えないものとする。

　　　なお、本人が署名しているか疑義がある場合には、電話や実地調査によって本人の意思を確認することを妨げるものではない。

（解説）

　　筆界確認情報に押印した印鑑の印鑑証明書の提供を求める法務局等も存在するところ、昨今の押印の見直しの流れも踏まえ、押印及び印鑑証明書の提供は原則として求めないものとしている。従来、本人の意思を確認するためには、署名又は記名押印が必要であり、記名のみでは意思確認としては足りないと考えられてきたところ、本指針では、押印の意義を見直すという政府全体の動きを踏まえるとともに、筆界確認情報の真正の担保はもちろん、後日、筆界についての紛争があった場合の対応も見据え、筆界確認情報に作

22

成者の署名がされている場合には、署名の検証により真正性を確認することができることも踏まえ、登記官がそれを相当と認めることを前提に、押印及び印鑑証明書の添付は不要とした。もっとも、この点に係る登記官の調査は93条報告書に基づいて行われるのが一般的であることに照らすと、筆界確認情報に署名がされている場合であっても、署名した者が本人であることを確認した旨が93条報告書に記録されていることが望ましいものと考えられる。

　他方、法人の場合に商号及び代表者の印判を使用する場面や、申請土地及び隣接土地の所有者双方が協力して印鑑証明書を添付した筆界確認情報を作成する場合もあり、従来と同様、署名でなく記名押印のされた筆界確認情報の提供等がされることも想定される。この場合、上記の真正の担保と後日の紛争予防の観点からすると、記名押印のみでは、同様の書類を第三者が容易に作成し得ることから真正性の確認が困難であるとも考えられるが、土地家屋調査士が当該筆界確認情報の作成に関与し、押印した者が本人であることを確認した旨が93条報告書に記録されているときには、記名押印のみであっても、真正性の確認は当該土地家屋調査士が資格者として適切に本人確認を行ったことによって担保されることから、登記官が相当と認めれば、これを署名があるものと同様に取り扱って差し支えない。

　また、記名押印がされ、署名がないような場合であっても、本文のとおり、押印された印鑑についての印鑑証明書が添付された場合はこれを受領しても差し支えないが、飽くまで印鑑証明書の提出は任意であることに留意する必要がある。

　なお、署名又は記名押印がない筆界確認情報若しくは記名のみの筆界確認情報の提供等があった場合は、実地調査によって本人の意思を確認することができるときには筆界確認情報を資料として活用して差し支えないが、実地調査によっても本人の意思を確認することができないときには資料として活用するべきではない。

　おって、押印及び印鑑証明書の提供を原則として求めないという考え方は、地図訂正の申出の場合も同様である。

指針 第5

第5　留意事項

1　本指針は、資格者代理人による隣接土地の所有権の登記名義人等への説明や資格者代理人が行う立会いの要否について言及するものではなく、登記申請の場面における筆界確認情報の提供等の取扱いを定めるものである。
2　筆界関係登記における実地調査の要否の判断については、従前どおり「表示に関する登記における実地調査に関する指針（改訂）（平成23年3月23日付け法務省民二第728号通知）」によるものとし、本指針に例示した場合に該当し、資格者代理人から筆界確認情報の提供等がない筆界について、筆界に関する登記所保管資料の確認だけでは筆界認定の心証形成ができない場合には、原則として実地調査を行い、登記官が隣地所有者等に立会いを求めるなどした上で筆界を確認する。
3　土地家屋調査士又は土地家屋調査士法人を代理人として筆界関係登記の申請がされた場合であって、当該申請に係る案件が、本指針第2及び第3に掲げる類型に該当するときには、土地家屋調査士に対し、93条報告書にこれに関する具体的な事情を明記するよう求めるものとする。

23

第1章　表示に関する登記における筆界確認情報の取扱いに関する指針の解説　61

なお、この場合、９３条報告書に記録された内容について、土地家屋調査士の調査検証の方法に疑義がないか、書証・物証・人証等によって示された事実関係と矛盾していないかといった観点から調査を行うこととなる。

（解説）
1　筆界の認定においては、土地の所有者は、筆界を最もよく知る者と考えられることから、筆界を確認する際に土地の所有者に立会いを求め筆界に誤認がないかを確認することは通常行われている。

　本指針は、筆界確認の考え方及び筆界確認情報の提供についての指針を示すものであって、立会いの要否について言及するものではないことから、本指針が筆界確認情報の提供が不要であれば、立会いも全て不要である旨を示したものであるとの捉え方は適当でない。

　立会いについて留意すべき考え方の一例を示すと次のようなものがある。なお、②及び③の事例は、隣地所有者が判明している場合であり、隣接土地の所有権の登記名義人等が不明の場合については、そもそも立会いは不能である。おって、立会いとは、現地において直接筆界を確認することにとどまらず、図面や写真等の画像情報を確認するなどの方法での確認によって行うものも含めた広義のものをいう。

① 隣地所有者が判明する場合

　登記記録や調査対象土地の近隣に居住しているなどにより隣地所有者が判明する場合は、隣地所有者に対し、必要に応じて立会い等により筆界についての認識を確認する。これは、本指針が、筆界確認情報を取得することが困難な場合における筆界認定の在り方を明らかにしたものであり、隣地所有者が判明している場合は、（登記官が筆界確認情報の提供等を求めない場合であっても）資格者代理人が、必要に応じて現在の隣地所有者に対し筆界についての認識を確認し、真の筆界の確認及び後のトラブル防止を図ることが基本であるという考え方に基づくものである。なお、隣地所有者が判明したが隣人関係の希薄化や過大な要求が行われるといった理由で、申請者において筆界の確認の協力が得られない場合などに、登記官が隣地所有者に対して立会依頼書を送付するなど、隣地所有者の筆界の認識を確認するための働き掛けをすることは可能であり、このような機会を設けることは、後日のトラブルを防止するための一方策ともなると考えられる。

② 境界標を新たに設置する場合

　筆界関係登記の申請に当たり、新たに境界標を設置する場合は、その点が筆界であることを隣地所有者に確認することは必要である。これは、目に見えない座標値として存在していた筆界が目に見える形での境界標として表現されることになるのであれば、座標値に基づき現地に復元した点がそこであるかについてのその土地の所有者の認識が齟齬していないかを確認するという意味で重要である。これをしないことに起因するトラブルは常時存在しており、筆界を誤りなく現地に表現することとトラブル防止の観点からも必要である。分筆の際、隣接土地と共通の筆界線上に分筆により新たな境界標を設置する場合も同様である。

③ 境界標が移動していると思われる場合

　境界標は、所有者・占有者によって移動される場合、工事により移設される場合等があり得ることから、境界標の形状や推定設置年、図面等との比較検討を行うことや隣地所有者に立会いを求め、境界標の位置に関する認識を確認することによって、その境界標を利用することが妥当か否かを慎重に確認すべき場合がある。

24

2　筆界関係登記の申請において、本指針に基づく取扱いをする場合には、93条報告書に具体的な事情等を明記することを求めるものとしている。これは、当該事情等は本指針に沿った形で記載させることを想定しているところ（例えば、「指針第3の4（1）に該当する場合であることから、A－Bの筆界については、地上権者として登記されているX氏の署名がある筆界確認情報を提供し、所有権の登記名義人の筆界確認情報の提供は不要と判断した。」）、理由を明記することにより、指針を基に土地家屋調査士と登記官の認識を合わせることができることに加え、登記官の調査時間を短縮することができるとの趣旨によるものである。

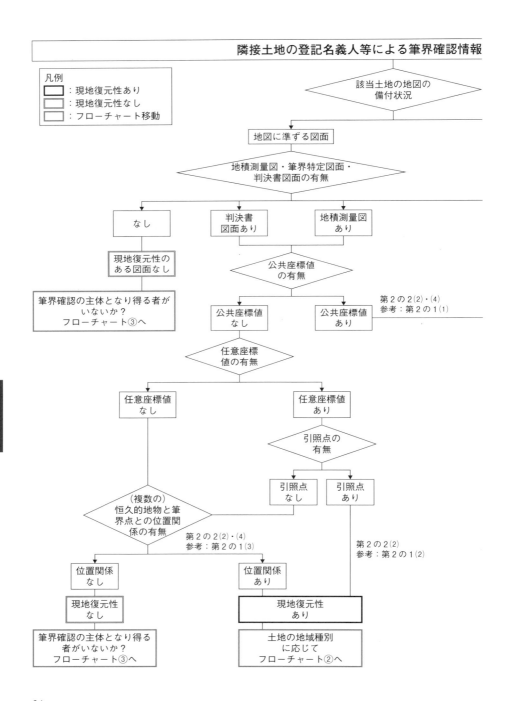

の提供が困難（現地復元性を有する図面の有無）　　　　フローチャート①

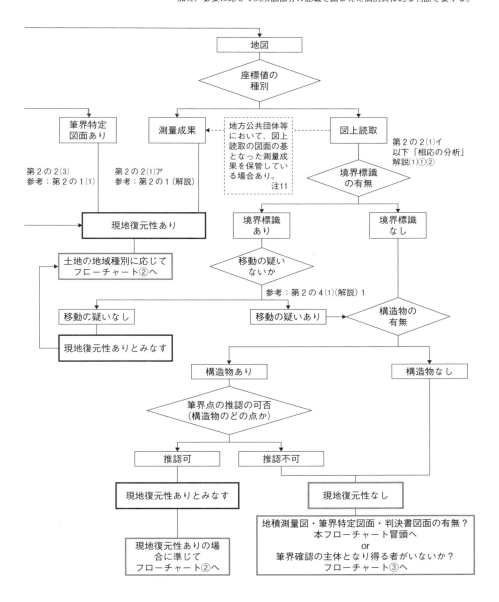

第1章　表示に関する登記における筆界確認情報の取扱いに関する指針の解説　65

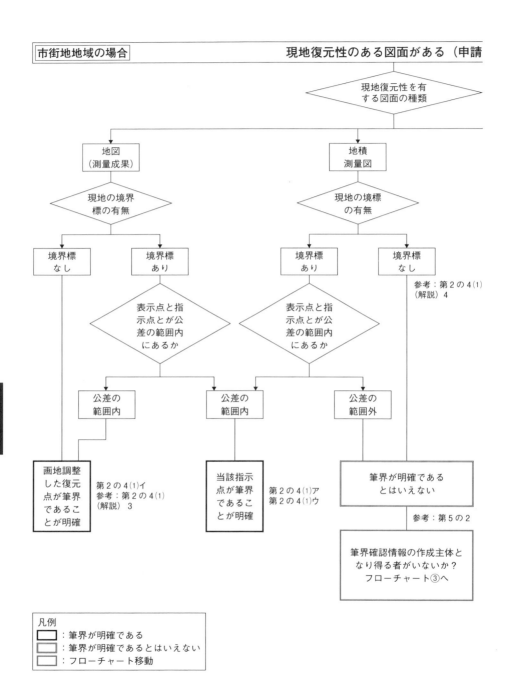

に係る筆界が明確であるといえるか)　　　　　　　　　フローチャート②−1

※ 本フローチャートは、指針本文の記載内容を理解するための補助的資料として同内容を図式化したものであり、実際の事案の処理に際しては、指針本文に加え、必要に応じて同解説部分の記載を踏まえた個別具体的な判断を要する。

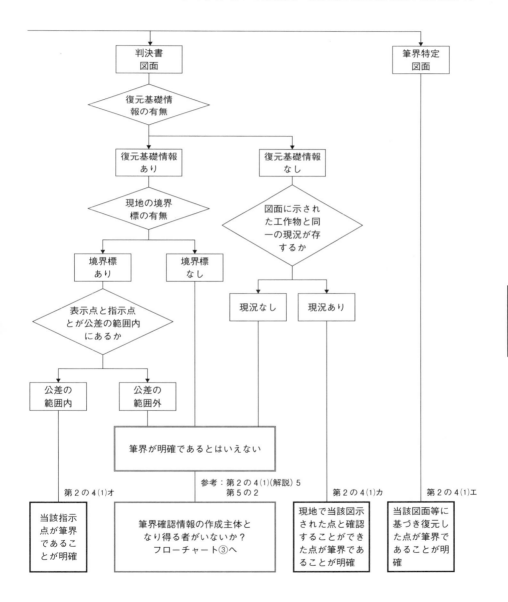

第1章　表示に関する登記における筆界確認情報の取扱いに関する指針の解説

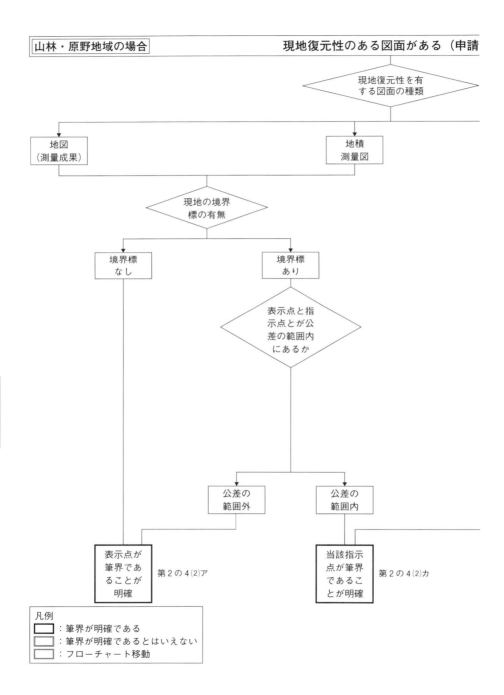

に係る筆界が明確であるといえるか)　　　　　　　　　フローチャート②-2

※ 本フローチャートは、指針本文の記載内容を理解するための補助的資料として同内容を図式化したものであり、実際の事案の処理に際しては、指針本文に加え、必要に応じて同解説部分の記載を踏まえた個別具体的な判断を要する。

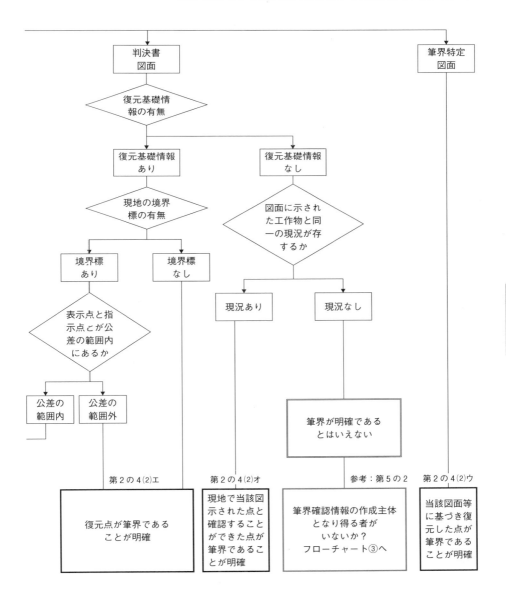

第1章　表示に関する登記における筆界確認情報の取扱いに関する指針の解説　69

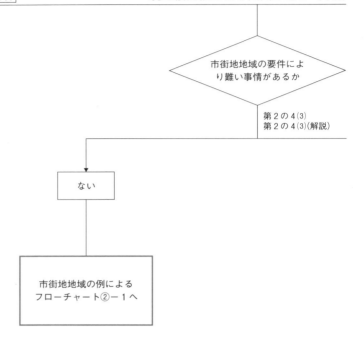

に係る筆界が明確であるといえるか）　　　　　　フローチャート②-3

※　本フローチャートは、指針本文の記載内容を理解するための補助的資料として同内容を図式化したものであり、実際の事案の処理に際しては、指針本文に加え、必要に応じて同解説部分の記載を踏まえた個別具体的な判断を要する。

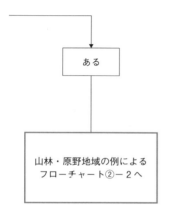

筆界が明確であるとはいえな

占有者である
相続人等の有無

占有者
あり

協力を得
られるか

協力を
得られる

協力を
得られない

判明

過重な負担なく
協力を得られる
者があるか

協力を得られる者が
ある

協力を得られる者が
ない
or
協力を求めることが
過重な負担となる

第3の1

第3の2・3

フローチャート

凡例
☐：得られた筆界確認情報を利用
☐：筆界認定が困難

協力を得られた者の作成した筆界確認情報又は

72

い（筆界確認情報の作成主体） フローチャート③

※ 本フローチャートは、指針本文の記載内容を理解するための補助的資料として同内容を図式化したものであり、実際の事案の処理に際しては、指針本文に加え、必要に応じて同解説部分の記載を踏まえた個別具体的な判断を要する。

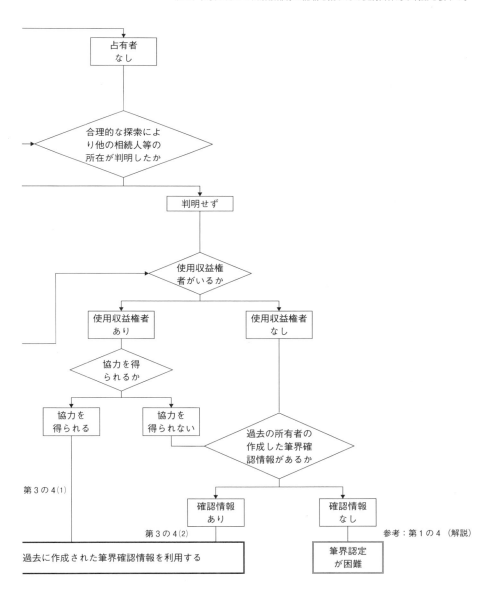

第1章 表示に関する登記における筆界確認情報の取扱いに関する指針の解説

略語・用語一覧

ページ	略語・用語	略語・用語に対応する内容
1	筆界関係登記	① 土地の表題登記 ② 地積に関する変更若しくは更正の登記 ③ 分筆の登記
1	登記名義人等	所有権の登記がある一筆の土地にあっては所有権の登記名義人、所有権の登記がない一筆の土地にあっては表題部所有者、表題登記がない土地にあっては所有者をいい、所有権の登記名義人又は表題部所有者の相続人その他の一般承継人を含む
1	筆界確認情報	相互に隣接する土地の所有権の登記名義人等が現地立会い等によって土地の筆界（表題登記がある一筆の土地とこれに隣接する土地との間において、当該一筆の土地が登記された時にその境を構成するものとされた二以上の点及びこれらを結ぶ直線）を確認し、その認識が一致したこと及びその地点を特定して示すことを内容とする情報
1	法務局等	法務局及び地方法務局
1	事務取扱要領等	不動産の表示に関する登記の実務上の詳細な取扱いを定める、法務局等の長の訓令、通達
1	筆界確認情報の提供等	筆界確認情報の作成及び登記所への提供 登記所への提供を目的とした作成を意味し、当事者が必要に応じて任意的に作成することは含まない
1	申請土地	筆界関係登記の申請に係る土地
1	隣接土地	申請土地に隣接する土地
1	1項地図	不動産登記法第14条第1項所定の地図
1	4項地図	不動産登記法第14条第4項所定の地図に準ずる図面
3	筆界に関する登記所保管資料	登記所に備え付けられている地図（不動産登記法第14条第1項）、地図に準ずる図面（不動産登記法第14条第4項）及び地積測量図並びに登記所に保管している分筆申告図等の筆界に関する資料
3	換地確定図	土地改良や区画整理等の換地処分時の土地の位置・形状・辺長などについて測量した値等が記録された図面

3	境界標	現地における筆界の位置を明らかにするために埋設された、永続性のあるコンクリート杭、金属鋲等
5	復元基礎情報	図面に関する情報のうち、理論上現地復元性を有するもの
5	現地復元性	図面に図示された筆界を現地に復元することができる機能
6	引照点	測量によって定めた点を復元するために設ける点
7	表示点	測量により現地に表した点 筆界点の座標値等の数値情報（距離、角度等）に基づき、測量機器を使用して単に現地に表した点を意味するもの
7	復元点	筆界点の座標値等の数値情報（距離、角度等）を基礎としつつ、各種資料や現況等の分析及び検討を行い、本来の筆界点の位置を現地に再現した点を意味するもの
7	図面情報	図面に記録されている情報
7	筆界特定図面	筆界特定登記官による筆界特定に係る図面
7	判決書図面	筆界確定訴訟において確定した判決書の図面
12	指示点	境界標の表面にされた刻印等によって、当該境界標が指し示す点
12	画地調整	既存の地図や地積測量図の情報と既設の境界標・工作物・地形等の情報を照合し、各土地の形状、筆界点間の距離、面積比率等を総合的に勘案して、筆界点の検討を行う作業
17	共有登記名義人	所有権の登記名義人が共有関係にある場合におけるその共有者
17	未登記相続人	所有権の登記名義人が死亡している場合でその相続の登記が未了であり、相続人が複数である場合における相続人
17	共有登記名義人等	共有登記名義人又は未登記相続人

略語・用語

第1章　表示に関する登記における筆界確認情報の取扱いに関する指針の解説　75

表示に関する登記における
筆界確認情報の取扱いに係る
Q & A

No	項目	意見・疑問等	回答・対応
Q1	指針全般	登記官が積極的に筆界を認定するべき場面として、所有者等が不明な場合等が挙げられているが、所有者が不明等で立会いが得られない場合、通常、筆界特定制度を利用しているケースがあり、本通達と筆界特定制度との領分はどうなるのか。	指針は、筆界が明確であるといえる場合等を類型化することにより、筆界特定によらずとも登記官による筆界認定が可能な場合を示すことを目的としたものである。 登記官による積極的な調査によっても筆界を認定できない場合は、従前どおり筆界特定制度の領分となる。
Q2	指針第1の4	指針発出により、国民は、法務局が筆界確認情報の提供等を求めないと考えてしまい、立会拒否の原因とならないか。	指針では、筆界確認情報の提供を求めないとする場合を類型化したものであり、立会いについて言及するものではなく、隣接地の所有者と行う筆界の認識を確認する意味での立会いは基本的に必要との考えは変わるものではない。 意見のような懸念が現実とならぬよう、国民からの問い合わせがあった場合は、法務局及び土地家屋調査士の丁寧な対応が求められる。
Q3	指針第1の4（解説）	指針が例示する事例以外でも登記官が筆界を認定できる事例のただし書としてiからvまでが列記されているが、全ての要件を具備する必要があるか。	当該解説の記述は筆界認定の手法の一例を示したものであり、全ての要件を満たさなければ筆界の認定ができないわけではないが、iv実地調査及びv実地調査書への認定理由の記載は必須である。
Q4	指針第1の4	登記官が筆界を認める要件として、「iii 近隣の複数の	不自然な状況とは、例えば、一部の土地のみ面積の増減比が突出してい

76

No	項目	意見・疑問等	回答・対応
	（解説）	土地の面積・辺長等の比較の結果で不自然な状況がなく」とあるが、「不自然な状況」とはどのような場合を想定しているか。	る場合や一部の辺のみ極端に辺長の増減比が突出している場合等が考えられる。
Q5	指針第1の4（解説）	「③4項地図と現況測量をした図面とを重ね合わせた結果、両者に十分な整合性が認められる場合、そこを筆界と認めることにより何らの疑問も生じないと登記官が判断することができる」に該当する場合は、ほとんどないのではないか。両者に十分な整合性が認められない場合は、登記官は筆界確認情報なしに筆界を認定することはできないのか。	解説に明記した事案は多数あると想定している。例えば、①1項地図の精度がありながら4項地図で備え付けられている場合、②旧土地台帳附属地図が基になった4項地図であって作成当時の精度が高い場合などがある。なお、今までもこのような事案を筆界確認情報なしで筆界を認定することは理論的にはできたと考えられるところ、指針発出後、指針に該当しない事案について、筆界確認情報なしで登記官が筆界を認定してはならないと捉えられることは適当でないため、この部分に当該可能性を付言したものである。解説に記述した事案は一例であり、「両者に十分な整合性が認められない場合」であっても、4項地図の精度が低いことが明らかであり、その他の情報から登記官が筆界を認定することができると判断できるのであれば、筆界確認情報なしで筆界を認定することができる事案はあり得る。
Q6	指針第2	復元基礎情報が記録されている世界測地系の測量成果による地積測量図が備え付けられている場合、筆界関係登記申請に添付された地積測量図の各筆界点座標値	第2の4(1)ウの解説に記述しているが、基本的な考えとして、境界標の存在を要件としている。これは、地積測量図が一筆という狭い範囲での測量成果であり、その検証に限りがあるという考え方でで

第1章　表示に関する登記における筆界確認情報の取扱いに関する指針の解説　77

No	項目	意見・疑問等	回答・対応
		が復元基礎情報たる地積測量図上のものと一致する場合、直ちに筆界が明確であると判断できるか。	あり、解説に記述した事例や測量成果による地積測量図の備え付けのある土地の筆界について、地積測量図の各筆界点の座標値が復元基礎情報たる（今回提出の）地積測量図上の座標値と一致する場合は、筆界が明確であると判断してよい可能性がある。 また、測量成果による地積測量図作成時、例えば、計算により筆界点を導いているものや物理的に境界標が設置できないといった場合も想定されるところ、このような場合にも、境界標がないことをもって直ちに筆界が明確であると認められないものと扱うのではなく、事例ごとに登記官が筆界が明確であるか否かを判断することとなる。
Q7	指針第2の1(1)	測量成果による世界測地系の座標値と明記することにより、登記官の判断が座標系に固執してしまうおそれはないか。測量成果による座標値であれば、旧測地系や任意座標系であっても筆界の復元は可能であり、「世界測地系」と限定して明記する必要はないのではないか。	指針第2の1(1)で「世界測地系の座標値」と明記したのは、任意座標であればその基準となった引照点がなければ復元が困難であることを踏まえ、任意座標については、別途(2)で掲げることとしたためである。 なお、登記官は、座標系に固執することなく、対象となる筆界点を探す資料となる座標値が何を根拠としているかを承知した上、それに応じた調査をすることとなる。
Q8	指針第2の1(解説)(1)③	「登記所を除く官公署が保有している図面等」には、官民境界立会に係る図面は該当するか。 該当するとした場合、官民境界点のみが該当し、官民境界以外の当該筆の測量成	当該記述は、復元基礎情報のうちの「測量成果による世界測地系の座標値」が記録されている可能性がある資料を例示列挙したものであるところ、官公署が保有している官民境界立会成果の中には、同座標値が記録されたものとそうでないものが存在

No	項目	意見・疑問等	回答・対応
		果は該当しないと考えるのか。	し、その採否については第2の2のとおり、これらの図面に記録されている情報が復元基礎情報の要件を備えているか否かを判断することとなる。
Q9	指針第2の1（解説）	ただし書に掲げる項目のうち、ⅰの「地籍調査前の4項地図と地籍図がおおむね一致し、現地においてもその筆界が不自然でない場合」については、地籍調査後に筆界付近へ新たに構造物（ブロック塀等）が設置された場合も含まれるか。	このような事案を排除するものではない。構造物等ができた時期がいつであるか、その位置が地籍図が表す筆界とどのような関係にあるか等を総合的に判断することとなり、第2の4に記載する適用手法に照らし、筆界が明確であるといえるかを検討する余地がある。
Q10	指針第2の1（解説）	ただし書ⅱの「申請土地の所有権の登記名義人等」は、共有土地であれば共有者全員、相続登記がされていない土地については、相続人全員か。	必ずしも全員である必要はない。指針第3の共有者及び相続人の考え方と同様である。
Q11	指針第2の2	土地家屋調査士以外の者が測量した図面については、測量の基準とした点等が不明確であると思われ、自己所有地について測量成果図面とは、原則として、土地家屋調査士が行った確定測量図面のみであると考えてよいか。	当該図面の内容によることから、指針中で制限していない。
Q12	指針第2の2	土地の所有権の登記名義人等が必要に応じて自己所有地について測量した成果図面との記載があるが、個別検討の結果採用する場合は前記図面の添付を要する	添付を要する。

第1章　表示に関する登記における筆界確認情報の取扱いに関する指針の解説　79

No	項目	意見・疑問等	回答・対応
		か。	
Q13	指針第2の2	世界測地系の測量成果による既提出地積測量図があり、当該測量図に記録された復元基礎情報の一部である基本三角点等が亡失している場合であっても、同じ世界測地系の他の基本三角点等を用いて現地における筆界点の位置を検証できれば、復元基礎情報の要件を備えていると解してよいか。	差し支えない。
Q14	指針第2の2	土地の所有権の登記名義人等が必要に応じて自己所有地について測量した成果図面は、他人による調査・測量のものでもよいか。	差し支えない。
Q15	指針第2の2(1)イ	図上読取りの「測量成果」と同等程度の正確性の評価についての基準はあるか。「分析及び検証を行い」とあるが、93条報告書や調査素図にはどの程度の内容が必要と想定されているか。	前段について、例えば、第1の4の解説に記載した事案を想定している。図上読取りの場合、「③4項地図と現況測量をした図面とを重ね合わせた結果、両者に十分な整合性が認められる場合、そこを筆界と認めることにより何らの疑問も生じないと登記官が判断することができる」が一例である。 後段について、93条報告書に図上読取りの図面をどのように分析・検証し、筆界点と判断した根拠が明記され、調査素図等の任意の図面でその根拠が客観的に明らかであることが必要である。
Q16	指針第2の2	地積測量図のうちエについては、復元基礎情報となり	地積測量図のうちエに掲げるものについては、分筆により形成された筆

No	項目	意見・疑問等	回答・対応
	(2)	得る情報が記録されており、指針第2の適用手法による復元基礎情報に基づく復元位置を筆界とする場合には、筆界が明確であると認められるとしている。 しかしながら、分筆申請において提出された地積測量図については、当該分筆により形成された筆界以外の筆界は、本来の筆界位置と一致しない可能性があるものの、当該地積測量図を作成した際に、隣接地所有者等が立ち会っていること、また、登記官が筆界と認定して登記していることから、筆界として取り扱って差し支えない旨を明記することを要すると考える。	界以外の筆界についてもその地積測量図提出時に登記官が確認した筆界であることから、当然に復元基礎情報となり得るものであり、改めて記載していない。
Q17	指針第2の4(1)	「申請土地の地域種別」とは、申請時点を基準とするとの理解でよいか。例えば、地図作成当時は山林・原野地域であった現地が、現在は市街地地域になっている場合は、市街地基準を適用することでよいか。	貴見のとおり。
Q18	指針第2の4(1)	「公差（位置誤差及び辺長誤差）の範囲内に境界標の指示点が現地に存するとき」の（位置誤差及び辺長誤差）とした理由は。	公差の判定の基準となる精度区分については、比較をする地図や地積測量図の作成された時点のその精度区分を基準にすることとなり、単に「公差」とした場合は、相当な範囲が許容されることとなる。この点については、令和2年度表示登記専門

第1章　表示に関する登記における筆界確認情報の取扱いに関する指針の解説　81

No	項目	意見・疑問等	回答・対応
			官会同でも議論され、指針作成時にも多くの局から意見が提出された。これらの意見を踏まえ、位置誤差だけでなく、筆界点2点間の距離をも公差の範囲内である必要があることを明記した。 筆界点の位置誤差だけを比較すると許容範囲が大きくなるが、筆界点間の辺長も比較することにより、より精度の高い筆界の認定ができると考えられる。
Q19	指針第2の4(1)イ	境界標が現地に存しない場合には、原則、復元点を筆界点とすべきではないか。原則によることができず、現況を踏まえて画地調整を要する場合には、画地調整を行った理由及びその内容を規則93条報告書の内容とするべきではないか。	測量には誤差があり、例えば14条1項地図の測量成果である座標値に基づきトータルステーションで復元した場合であっても、一定の誤差を含んだ復元結果に過ぎない。境界標がある場合は、第2の4(1)アの対応となり、誤差を考慮したある一定の範囲で筆界を認定することとなる。
Q20	指針第2の4(1)	復元基礎情報が地積測量図である場合、現地復元性を有する筆界点に境界標が存しないときは、その復元点（表示点）をもって、筆界を認定するとの認識でよいか。 また、当該地積測量図の境界標の種類と現地の境界標が相違する場合であっても、その復元点（表示点）との整合が公差の範囲内で確認できるときは、その境界標をもって、筆界を認定するとの認識でよいか。	前段について、第2の4(1)（解説）4に記載したような検証が可能である場合には貴見のとおり。 後段について、同解説1に記載した点（境界標識の移動等）に留意し、筆界を認定することとなる。

No	項目	意見・疑問等	回答・対応
Q21	指針第2の4(1)ア(注14)	測量成果である1項地図の備付けがあり、座標値に基づく表示点の位置に境界標の指示点がある場合の当該指示点をもって筆界点を認定することに強い疑念が生じる場合は、筆界確認情報の提供を求め、その上で総合的に判断することも差し支えないか。	注14の強い疑念とは、例えば、境界標識が明らかに移動又は再設置されている、測量成果作成当時に確認された構造物の位置関係から現在設置されている境界標の指示点を筆界点とすることに疑問が生じるような場合であり、このような場合は、第2の4(1)イの復元点の検証や隣接地の登記名義人等の立会いの結果等を総合的に判断して筆界を認定することとなるが、第2の4(1)ア又はイに該当する事案であれば筆界確認情報の提供は要しない。
Q22	指針第2の4(1)アウオ	本事項の「境界標」には、新設境界標は含まれないものとの理解でよいか。	貴見のとおり、今回の申請のため新たに設置された境界標は含まれない。
Q23	指針第2の4	公差（位置誤差）は国土調査法施行令別表第四における筆界点の位置誤差とされている公差と同義か。その場合、地価の高い市街地等において、相当な誤差が認められることになり、金銭的なトラブルに発展することが想定されるのではないか。	前段についてはそのとおり。公差の判定の基準となる精度区分については、比較をする地図や地積測量図の作成された時点のその精度区分を基準にすることとなり、貴見のとおり相当な範囲が許容されることとなるが、位置誤差だけでなく、筆界点2点間の距離をも公差の範囲内であることを条件としており、誤った点を筆界と認定する可能性は低いと考えられる。
Q24	指針第2の4	精度区分は何を基準とするのか。	地図や地積測量図等の図面が作成された当時の精度区分を基準に各種の検証をすることとなる。
Q25	指針第2の4	公差内で復元可能であれば筆界確認情報の提供を要しないとした場合、現地に復元位置を明示しないまま登	原則として境界標を設置すべきであるが、物理的に境界標を設置できない箇所については、現地に復元位置を明示できない場合も想定される。

第1章　表示に関する登記における筆界確認情報の取扱いに関する指針の解説　83

No	項目	意見・疑問等	回答・対応
		記申請がされることが想定されるが問題はないか。	
Q26	指針第2の4	地籍調査完了地区において、画地調整した点を筆界と認定された場合、実施主体（市町村）から隣接土地を含め「修正申出書（国土調査）」による修正が必要になるのか。	画地調整による手法で筆界を認定した場合、公差の範囲であり、（地図上及び現地の）その点が変わらないのであれば、修正申出は要しない。
Q27	指針第3の2	筆界の確認に必要な関係地の所有者を特定するため、土地家屋調査士が、戸籍謄本等職務上請求書により戸籍謄本等を請求することは、合理的な方法での探索といえるか。	申請対象土地の所有者からの聴取や現地調査等の他の方法によって判明しない場合に戸籍謄本等の職務上請求による調査をすることに問題はなく、この調査は合理的な方法での探索といえる。
Q28	指針第3	筆界確認情報を求める必要がある場合の該当者の範囲を規定しているが、登記官が実地調査で隣接所有者等に現地立会いを求め筆界の確認を行う場合の該当者も同等と解してよいか。 また、指針のとおりの該当者として特定する戸籍等の根拠の確認は、93条報告書の記録で足りるか。	前段後段ともに貴見のとおり。
Q29	指針第3の1	「外部的に認識可能な状況で占有している」ことについて、申請人（申請代理人を含む）に確認するに足りる情報の提供を求めるということでよいか。 また、情報の提供の有無にかかわらず、登記官による	基本的には資格者代理人が93条報告書に記録した情報で確認することを想定しているが、事案ごとに登記官において判断することも差し支えない。

No	項目	意見・疑問等	回答・対応
		実地調査によって占有の状況を確認するのか。	
Q30	指針第3の1	後日、筆界を確認しなかった共有者から筆界を確認していないことに対する苦情や筆界確認書が存在しないことによる反言が生じた場合、どのように説明するのか。	登記官は、認定した筆界についての認定根拠を、土地家屋調査士は、自ら調査を行った経緯及びその結果をそれぞれ説明することとなる。
Q31	指針第3の1	共有名義人や相続人が相当数であった場合、筆界確認情報の提供を得る人数の目安はあるか。また、固定資産税の納税者（1名）の確認のみで足りるか。	人数の目安は設定していない。まず直系の相続人の中から所在の判明する者がいるかを調査するといった方法によることが考えられる。固定資産税の納税者に確認を求めることも一手法である。
Q32	指針第3の1	占有者が複数存在する場合、筆界確認情報はそのうちの一部の者で足りるのか。	足りる。
Q33	指針第3の1（解説）	第3の1解説3のまた書きにある、特に慎重な判断を要する事案においては、登記官の実地調査の過程で現地立会いの方法で筆界の確認を行うことは許容されるとあるが、現地立会いにおいて他の共有者の認識する筆界が占有者の認識する筆界と相違した場合、登記官の心証形成は得られないと考えてよいか。また、共有者間の持分割合（持分の多少）に係る判断は不要と考えてよいか。	前段について、そのような心証が得られない場合も想定される。ただし、共有者の一人が異なる認識を示した場合は、それを理由に直ちに却下処理をするのではなく、共有者内で筆界の認識が異なる理由及びそのうち誰の認識が真の筆界に近いといえるのかを検討し、申請代理人と協議し、その申請をどう処理するかを検討すべきである。 後段について、貴見のとおり。

第1章　表示に関する登記における筆界確認情報の取扱いに関する指針の解説　85

No	項目	意見・疑問等	回答・対応
Q34	指針第3の2	未登記相続人が多数いる場合（例えば、100人以上相続人がいる場合など）においても、「合理的な方法での探索」として、可能な限り、戸籍を収集するなどして、相続人全員を確定して、全員に書類の郵送などを行う等の方法で探索するのか。	このような場合には、例えば、まず直系の相続人の中から所在の判明する者がいるか、その土地を実質的に管理していると推測される者がいるかといった調査方法によることが考えられる。相続人全員を確定しなければ筆界の調査ができないということではなく、相続人の中から当該土地の筆界の認識を示すことができる者の認識を確認するという考え方である。
Q35	指針第3の2	DV被害者で住民票から現住所が判明しない場合、所在等が知れない場合と同様に考えて差し支えないか。	差し支えない。
Q36	指針第3の2（注17）	「認知機能が著しく低下しているような場合であっても、相続人となり得る者（子供等）の連絡先が判明している場合には、当該者への確認は可能な限り実施すべきである。」とあるが、相続人となり得る者全員に確認する必要があるか。また、戸籍など疎明資料は必要になるのか。	必ずしも全員でなくともよく、戸籍等の資料は申請書に添付する必要はなく、93条報告書中に調査結果として記録することで足りる。
Q37	指針第3の2（注18）	「登記名義人が法人である場合には、その法人の主たる事務所の所在地及び代表者等の商業・法人登記記録上の住所地に文書等を郵送し」とあるが、代表者等の住民票及び戸籍の調査は不要との考えでよいか。	貴見のとおり。

No	項目	意見・疑問等	回答・対応
Q38	指針第3の2（解説）	解説の末尾に「合理的な方法での探索をしても、なお共有登記名義人等の一部しか把握することができない場合については……」とあるが、判明しない者からの筆界確認情報は要しないという理解でよいのか。 仮に、筆界が明確であるとは認められない場合で、判明している共有登記名義人又は一部の未登記相続人から「単独で筆界を判断することはできない。」として筆界確認情報の提供（書面作成だけでなく、立会い・確認にも協力が得られない場合も含む。）を得られない場合には、登記官は筆界の認定ができないとして筆界関係登記を処理することはできないとの理解でよいのか。	前段について、貴見のとおり。 後段について、他の共有登記名義人等の協力を得ることができないかなど、申請代理人と協議し、その申請をどう処理するかを検討することが望ましい。
Q39	指針第3の3（解説①）	その他の共有登記名義人等から筆界確認情報を求めることが過重な負担となるケースが挙げられているが、登記官において所在を知り得る場合には遠方に居住する共有登記名義人等に対して、筆界に関する認識を確認する必要があるか。	まずは提出された筆界確認情報でもって筆界を認定できるかを調査することとし、それで足りる場合は、改めて他の共有登記名義人等の認識を確認する必要はない。
Q40	指針第3の3（解説②）	「個々の事案に応じて可能な限り柔軟に対応」とあるが、共有者数や所在地多数により、筆界確認情報を求	該当箇所は、可能な限り積極的に筆界を認定する趣旨を明らかにしたものである。 筆界の認定は、登記官が考える筆界

第1章　表示に関する登記における筆界確認情報の取扱いに関する指針の解説　87

No	項目	意見・疑問等	回答・対応
		める負担が社会通念上過大と判断できる事例として取り扱う場合、その判断基準について登記官によりアンバランスが生じるのではないか。 また、一部の者から筆界確認情報の提供等があった場合において、正当な理由により筆界案に反対する遠方居住の共有者の排除に利用されてしまうのではないか。	と所有権登記名義人等の認識に齟齬がないことが一つの判断要素といえるが、当該土地の筆界を知ると思われる共有登記名義人等の少なくとも一人以上の認識が確認できていれば最低限満たすと考えてよい。 したがって、○人だから不足するという判断になる余地はないため、登記官ごとに大きなアンバランスは生じないと想定している。仮にアンバランスが生じる余地が大きい理由があれば、各局の事務取扱要領等で取り上げることも一方策である。 なお、筆界案に反対する共有者が仮に存在するとすれば、その者が筆界について不安があると考えた時点で地積更正や筆界特定の申請をすれば自らの主張をすることができる。
Q41	指針第3の4(1)	①宅地分譲地内の道路、用悪水路について、分譲地内の所有者に対して、持分移転又は市への寄付等を行うことなく、分譲業者の名前で残っている土地について、破産終結や清算結了の登記をしている会社についても、「合理的な方法で探索しても所在等が知れないとき」と認めてよいか。 ②その場合、当該土地を事実上使用している分譲地の所有者は、使用収益の権限を有する者と解してよいか。	①について貴見のとおり。 ②について、「使用収益の権限を有することが明らかな者」には該当しない。
Q42	指針第3の4	いわゆるミニ開発の宅地に接する道路部分が分譲業者	指針でいう「使用収益の権限を有することが明らかな者」とは、宅地を

No	項目	意見・疑問等	回答・対応
	(1)	名義となっており、その会社の存続が不明となっている場合、道路を使用しているのは当該道路に依存する宅地の所有者であるが道路使用に関する契約書等は存在せず、使用収益の権限を証明する資料が存在しない。当該道路に依存する宅地所有者は、筆界の位置及び形状を知っている蓋然性が相当程度あることが予測され、宅地所有者の証言及び現地の状況に基づき使用収益権者と認められると判断できれば、使用収益の権限を有することが明らかな者として筆界確認情報の作成者に当たるか。	建物敷地として使用している場合や農地を耕作している場合等を想定している。宅地前面の道路については、使用収益しているからといってその道路を使用している1軒の家の宅地所有者のみの筆界確認情報で足りるとは言い切れない。 このような場合は、道路の管理者（市町村等や町内会等）やその道路を使用している宅地の所有者等が共同して筆界確認情報を作成することが想定される。
Q43	指針第3の4(1)	「使用収益の権限を有すること」を明らかにする疎明資料はどのようなものか。登記記録や契約書などで確認できる場合のほかに契約書等がないケースでは登記申請人や当該者の証言のみでもよいか。	登記記録の記載、契約書、地上建物の存在を想定している。
Q44	指針第3の4(2)（解説）	現在の所有権の登記名義人が正当な理由なく立会いを拒否（筆界を認めているか不明）している場合、過重な負担となるケースに該当し、現在の所有権の登記名義人に筆界の認識を確認する必要がない場合に該当すると考えてよいか。	貴見のとおり。

No	項目	意見・疑問等	回答・対応
Q45	指針第3の4(2)	隣接土地の過去の所有権の登記名義人との間での筆界確認情報は、筆界の復元基礎情報といい得る図面情報が記録されたものに限られるということでよいか。	基本的には貴見のとおり。 なお、指針本文では、復元基礎情報は図面情報を基本としているところ、例えば「ブロック塀の北西角」といった具体的に地物・構造物により筆界が確認できるものであれば、文字情報も筆界を復元するための情報が含まれている可能性があり、事案によって個別に対応することとなる。
Q46	指針第3の4(2)	隣接地の過去の所有者の未登記相続人が筆界の承諾をしていた場合で、筆界を示すものであると心証が得られる場合であれば、過去の所有権の登記名義人との間で筆界確認情報を作成している場合と同様に扱うことでよいか。	貴見のとおり。
Q47	指針第3の4(2)	過去の筆界確認情報が複製（原本は所在不明）の場合でも、筆界確認情報として認められるか。	複製された情報の信憑性の判断となり、個別の事情に応じて判断することになる。
Q48	指針第4	印鑑証明書の添付は原則として求めないとあるが、例外として印鑑証明書の添付を求める場合としてどのような場合が想定されるか。	例えば、その資料に疑義があり、実地調査において作成者本人への確認を試みたものの、その者と連絡が取れない場合等が考えられる。
Q49	指針第4	筆界確認情報に、①実印＋印鑑証明書、②署名、③記名押印がある場合のそれぞれについて、真正性に違いがあるとの考えがあるのか。	当該筆界確認情報の真正性については、①、②、③の順で高いとの考えである。 指針では、印鑑証明書の添付を要しないことを基本としているため、順に真正性が高い②、③とで差を設けている。

No	項目	意見・疑問等	回答・対応
			指針第4の解説のとおり、署名の場合は後日であっても署名の検証により、本人が当該筆界確認情報に署名したものであるかの確認が可能である。 なお、②、③いずれの場合でも、93条報告書に本人が作成したものであることの記録があることで、登記官の心証形成ができると想定しているため、解説で93条報告書について補記している。
Q50	指針第5（解説1①）	座標管理された地積測量図等に示された境界標の亡失等により新たな境界標を設置する場合、筆界確認情報の提供によらず、隣地所有者と現地及び図面や写真等により口頭確認した旨が93条報告書に記載されている場合は、筆界確認がされたとみなして差し支えないか。	差し支えない。
Q51	指針第5（解説の1①）	座標管理された地積測量図に示された境界標等の亡失により新たな境界標を設置する場合、今回提出の新たな地積測量図においても同一の座標値で座標管理されていても隣地所有者の立会い確認は必要と考えるがどうか。	指針は立会いの要否について言及するものではないが、トラブル防止の観点からは、質問のような事案においては、立会いを実施しておくことが望ましい。
Q52	指針第5（解説1②）	境界標を新たに設置する場合において、甲土地と隣接する乙土地の間の筆界点A	該当部分は、「境界標を設置することを乙土地所有者にお知らせする」という趣旨である。

第1章　表示に関する登記における筆界確認情報の取扱いに関する指針の解説　91

No	項目	意見・疑問等	回答・対応
		及びBを結ぶ線分上に分割点Cを創設する分筆の場合、実務上は先ず筆界点A及びBを甲及び乙土地所有者が立会い確認し、A、Bに境界標を設置、後日の紛争防止のため図面や筆界確認書等の証拠を残す。次に甲土地所有者の意志に基づき分割点Cを線分AB上に設け、分筆登記の申請を行う。 この場合に、分割点Cに境界標を設置する作業を行うこととなるが、乙土地所有者には既に線分ABが筆界線であることを確認しており、分割点Cを設ける事によって乙土地所有者は何らの不利益も被らず乙土地の筆界に変化はない。この様な状況で再度の立会いを求めることは乙土地所有者に過度な負担を掛けることとなる上、不利益を被らない事象に対する立会確認の意味について、かえって不信を抱くことにつながるのではないか。	指針は、立会いについて言及するものではないが、一般の方から法務局が受ける表示に関する問合せや苦情として、「知らないうちに境界標が設置されている」というものが寄せられるため、解説で言及したものである。 設例であれば、先ず筆界点A及びBを甲及び乙土地所有者が立会い確認する際、乙土地所有者に対し、「後日甲土地を分筆しA点とB点の間に分筆による新点となるC点が生じ、そこに境界標を設置する予定である」ことを説明し、両者に了解を得ておくことにより、将来のトラブルの回避につながり、かつ、不信を抱くことにはつながらない。
Q53	指針第5（解説1③）	境界標が移動していると思われる場合には、座標値は一致しているが、既存の地積測量図に記載された種類と現地に存する境界標の種類が異なる場合（金属鋲からアルミプレートなど）も	含まれる。

No	項目	意見・疑問等	回答・対応
		含まれるか。	
Q54	その他	本通達は、登記所備付地図作成作業にも適用されるか。 適用されるのであれば「法務省不動産登記法第14条第1項地図作成作業規程（基準点測量を除く）」（「地図作業規程」という。）を改正するのか。	本通達及び指針の内容は、登記官が行う全ての筆界の認定に適応することから、地図作成作業においても適用される。 地図作業規程第22条に関係するが、指針による処理は、地図作業規程第22条第2項第4号により対応することとなる。

第1章　表示に関する登記における筆界確認情報の取扱いに関する指針の解説　93

不動産登記規則第93条ただし書の報告書に係るモデル記録例

No	項目名	コメント	指針項番	記録例・説明
1	03 所有権登記名義人等	所有権登記名義人の立会	指針第2の4	年月日現地において立会した。（筆界確認情報提供無、指針第2の4）
2	03 所有権登記名義人等	相続人占有あり	指針第3の1	所有権登記名義人○○が死亡していることを、当該土地上建物に居住する同人の相続人（○○）に確認し、年月日現地において立会した。（筆界確認情報提供有、指針第3の1）
3	03 所有権登記名義人等	相続人占有あり	指針第3の1	所有権登記名義人○○が死亡していることを、当該畑を耕作している同人の相続人（○○）に確認し、年月日現地において立会した。（筆界確認情報提供有、指針第3の1）
4	03 所有権登記名義人等	共有者占有あり	指針第3の1	共有者は○名存在するが、当該土地上建物に居住する者が共有者の一部と確認できたため、年月日現地において立会した。（筆界確認情報提供無、指針第3の1）
5	03 所有権登記名義人等	相続人占有なし	指針第3の2	戸籍事項証明書から、土地所有権登記名義人○○の相続人が○名以上存在することが判明したが、そのうちの1人である○○と年月日現地において立会した。なお、その他の相続人の所在は判明しない。（筆界確認情報提供有、指針第3の2）
6	03 所有権登記名義人等	相続人占有なし	指針第3の2	戸籍事項証明書から、土地所有権登記名義人○○の相続人が○名以上存在することが判明したが、近隣に居住し、地域をよく知る相続人として住所○○、氏名○○（立会人住所・氏名欄に

No	項目名	コメント	指針項番	記録例・説明
				記録）と年月日現地において立会した。（筆界確認情報提供有、指針第3の2）
7	03 所有権登記名義人等	共有者（未登記相続人を含む）の一部	指針第3の2	他の共有者が存在するが、住民票を探索してもその一部が判明しないため、判明した○○及び○○と年月日現地において立会した。（筆界確認情報提供有、指針第3の2）
8	03 所有権登記名義人等	共有者（未登記相続人を含む）の一部	指針第3の3	他の共有者が存在するが、住民票を探索して判明した○○と年月日現地において立会した。なお、その他の共有者は、全国各地に居住しており、筆界確認情報を取得することが困難である。（筆界確認情報提供有、指針第3の3）
9	03 所有権登記名義人等	共有者の一部（マンション）	指針第3の3	管理組合の代表者○○に立会を求め、年月日現地において立会した。（筆界確認情報提供有、指針第3の3）（注：管理組合の代表者が立会の権限を有している場合）
10	03 所有権登記名義人等	共有者の一部（マンション）	指針第3の3	管理会社（○○株式会社○○課○○）に立会を求め、年月日現地において立会した。（筆界確認情報提供有、指針第3の3）（注：管理会社が立会の権限を有している場合）
11	03 所有権登記名義人等	使用収益権者の立会	指針第3の4(1)	共有者（又は未登記相続人）は○名存在するが、その所在が判明しない。当該土地には、○○所有の建物が存在し、先代から当該土地を借用（占有）していることを同人が供述している。なお、今回確認した筆界と登記所保管資料や客観的な事実関係とは矛盾しない。（筆界確認情報提供有、指針第3の4(1)）占有者：○○、占有期間：昭和○年以

第1章 表示に関する登記における筆界確認情報の取扱いに関する指針の解説 95

No	項目名	コメント	指針項番	記録例・説明
				降、占有権限：借地（その他自己所有の認識等を明記）
12	03 所有権登記名義人等	過去の筆界確認情報	指針第3の4(2)	当該土地登記名義人の所在は判明しないものの、前所有者が作成した筆界確認情報が存在し、その情報、登記所保管資料及び客観的な事実関係と今回確認した筆界とが矛盾しない。（筆界確認情報提供有、指針第3の4(2)）
13	03 所有権登記名義人等	非協力	共通	当該土地登記名義人と年月日現地において立会し、筆界についての認識に相違がない。筆界確認情報の作成を依頼したが、書類に署名や押印することに抵抗があるようであり、筆界確認情報の協力が得られない。
14	03 所有権登記名義人等	非協力	共通	当該土地登記名義人に年月日以降○度にわたって立会を依頼したが、協力が得られない。なお、筆界についてのトラブルではなく、今回確認した筆界と登記所保管資料や客観的な事実関係とは矛盾しない。
15	03 所有権登記名義人等	不合理	共通	当該土地登記名義人と年月日現地において立会し、筆界についての認識に相違がない。筆界確認情報の作成を依頼したが、書類に署名や押印のために高額な費用を求められ、筆界確認情報の協力が得られない。
16	03 所有権登記名義人等	不合理	共通	当該土地登記名義人に年月日以降○度にわたって立会を依頼したが、旅費及び日当として高額な費用を求められ協力が得られない。なお、筆界についてのトラブルではなく、今回確認した筆界と登記所保管資料や客観的な事実関係とは矛盾しない。

No	項目名	コメント	指針項番	記録例・説明
17	03 所有権登記名義人等	署名	指針第4	筆界確認情報に本人が署名したことを面前で確認した。（筆界確認情報提供有、指針第4）
18	03 所有権登記名義人等	押印	指針第4	筆界確認情報に本人が押印したことを面前で確認した。（筆界確認情報提供有、指針第4）
19	07 現地の状況	現地の写真	共通	「☑別紙のとおり」にチェックし、別紙として筆界を検討した図面等の筆界を検討した図面及び現地周辺及び筆界点を撮影した遠景近景写真を添付する。
20	07 現地の状況（その他必要な事項）	画地調整	指針第2の4	指針第2の4（市街地地域）に該当し、画地調整し検討した結果により、筆界を確認した。 （注：93条報告書に添付した図面に記述して差し支えない。）
21	07 現地の状況（その他必要な事項）	筆界を推定するもの	共通	筆界と思われる標識（金属鋲、プレート、コンクリート杭）が存在し、別紙○に明記した。
22	07 現地の状況（その他必要な事項）	筆界を推定するもの	共通	筆界と思われる構造物（ブロック塀角、側溝、石垣）が存在し、別紙○に明記した。
23	07 現地の状況（その他必要な事項）	筆界を推定するもの	共通	筆界と思われる地形（尾根、林相、法尻）が存在し、別紙○に明記した。
24	06 資料・証言・事実等の分析 10 補足・特記事項	画地調整	指針第2の4	指針第2の4の画地調整については別紙○のとおり。 ［補足説明］①画地調整をした土地家屋調査士がどのようにして筆界点の座標値を求めたか、②その座標値を復元した点が現地におけるどの位置になるか、③土地家屋調査士がその点を筆界と考えた根拠等を調査素図となる図面等の資料に表現する。現況測量図等か

報告書記録例

第1章　表示に関する登記における筆界確認情報の取扱いに関する指針の解説　97

No	項目名	コメント	指針項番	記録例・説明
				ら作成された調査素図となる図面に照らし、その画地調整の手法と結果に不自然な点がないかといった点を確認することができる内容が望ましい。仮にこれらのことが登記官の調査で不明である場合は、登記官から土地家屋調査士に個別に問い合わせることとなる。
25	06 資料・証言・事実等の分析 10 補足・特記事項	その他の手法	指針第1の4(3)	指針第1の4(3)の手法については別紙○のとおり。
26	06 資料・証言・事実等の分析 10 補足・特記事項	適用手法の明示	指針第2の4(1)	復元基礎情報として14条1項地図が存在し、これに基づき筆界の調査を行った。(筆界確認情報提供無、指針第2の4(1))
27	06 資料・証言・事実等の分析 10 補足・特記事項	適用手法の明示	指針第2の4(2)	復元基礎情報として14条1項地図が存在し、これに基づき筆界の調査を行った。(筆界確認情報提供無、指針第2の4(2))
28	06 資料・証言・事実等の分析 10 補足・特記事項	適用手法の明示	指針第2の4(1)	復元基礎情報として地積測量図(H21)及び境界標識が存在し、これに基づき筆界の調査を行った。(筆界確認情報提供無、指針第2の4(1))
29	06 資料・証言・事実等の分析 10 補足・特記事項	適用手法の明示	指針第2の4(2)	復元基礎情報として地積測量図(H21)及び境界標識が存在し、これに基づき筆界の調査を行った。(筆界確認情報提供無、指針第2の4(2))

報告書記録例

No	項目名	コメント	指針項番	記録例・説明
30	06 資料・証言・事実等の分析 10 補足・特記事項	適用手法の明示	指針第2の4(3)	地域種別は村落・農耕地区であるが、宅地が点在する地域であり、調査対象土地は構造物が存在する土地であり、市街化地域の基準により筆界の調査を行った。(筆界確認情報提供無、指針第2の4(3))
31	06 資料・証言・事実等の分析 10 補足・特記事項	過去の筆界確認情報	指針第3の4(2)	前所有者が作成した筆界確認情報はコピーであるが、原本を複写したものと思われ、筆界についても他の資料と矛盾するところはない。(筆界確認情報提供有、指針第3の4(2))

第1章　表示に関する登記における筆界確認情報の取扱いに関する指針の解説　99

座談会

表示登記における筆界確認情報の
指針を踏まえた今後の実務

出席者 （肩書は本座談会を開催した2022年7月時点のものです。）

法務省民事局民事第二課長　**藤田　正人**

法務省民事局民事第二課地図企画官　**田中　博幸**

大阪法務局首席登記官（不動産登記担当）　**戸井　琢也**

日本土地家屋調査士会連合会会長　**岡田　潤一郎**

日本土地家屋調査士会連合会副会長　**鈴木　泰介**

土地家屋調査士　**内野　篤**

都城市代表監査委員　**新井　克美**

は じ め に

田中　4月に法務省から発出されました「表示に関する登記における筆界確認情報の取扱いに関する指針」（以下「指針」という。）について、法務省、法務局、土地家屋調査士、有識者それぞれの立場から、その内容の受け止め方や今後の実務への影響について議論ができればと考えています。最初に、私から指針の概要についてご説明いたします。

　指針は、令和4年4月14日付け法務省民二第535号民事局長通達「表示に関する登記における筆界確認情報の取扱いについて」を受けて発出された、同日付け法務省民二第536号民事第二課長依命通知の別添として周知がされています。

　現在、土地の表題登記、地積に関する変更若しくは更正の登記又は分筆の登記（以下「筆界関係登記」という。）の申請に際しては、法令に定めのある添付情報に加え、登記官の行う筆界の調査及び認定の重要な判断要素

として、「相互に隣接する土地の所有権の登記名義人等が現地立会い等によって土地の筆界を確認し、その認識が一致したこと及びその地点を特定して示すことを内容とする情報」（以下「筆界確認情報」という。）の提供を求める取扱いが実務上一般的となっています。一方で、所有者不明土地の増大とともに、筆界確認情報の作成及び登記所への提供が困難な事案も増加しており、筆界関係登記の申請に際して筆界確認情報の提供等を求める取扱いについては、合理的な範囲に絞り込むことが求められています。この通達は、このような状況を踏まえ、次の3点を定めています。①現地復元性を有する登記所備付地図又は地積測量図等の図面が存在する場合には、原則として筆界確認情報の提供等は求めないものとする、②筆界確認情報の提供等を求める場合であっても必要最小限にする、③上記①②に係る取扱いの詳細は指針によるものとする。この3つを受けて発出された依命通知で指針が示されたという構造になります。

　指針は、第1から第5まで5つに分かれており、第1が総論、第2が筆界確認情報の提供を求めないものと判断することができる場合、第3が筆界が明確であるとは認められない場合における筆界の調査・認定、第4が筆界確認情報への押印及び印鑑証明書の提供、第5が留意事項です。

　指針には細かい解説もあります。指針を読んだときに、誤解、間違った使い方、登記官と土地家屋調査士との無用なすれ違いといった、指針の作成側が意図しない別の方向の問題が生じてしまうことを防ぐため、指針本文中にこのような解説を盛り込みました。

　最後に、文章だけではなかなかわかりにくい点もあると考え、フローチャートもつけています。法務省民事局より発出しましたこれらの文書につきまして、先生方からご意見もいただきながら、本日議論ができればと考えております。

　まずは、藤田民事局民事第二課長から、法務省の立場で一言お願いしたいと思います。

藤田　民事局民事第二課長の藤田です。

　冒頭に、本日ご議論いただくテーマの位置付けと、現状の到達点の2点

について簡単にお話ししたいと思います。

　先生方の承知のとおり、所有者不明土地問題は、不動産登記の問題にとどまらず、政府全体の施策としても非常に重要な位置付けがされており、これまでも、関係閣僚会議の下で関係省庁が法改正、運用の見直し等の様々な対策を行ってきたところです。

　そのなかでも法務省関係では、令和３年に民法等の一部改正法と相続土地国庫帰属法という立法上の１つの大きな成果があったわけですけれども、それと並行して、運用上の実務的な取組も並行して行ってきたところです。

　本日ご議論いただく筆界確認情報の取扱いの見直しは、所有者不明土地問題としていろいろな課題がありますけれども、そのなかでも、隣接地が所有者不明土地となっているという事象に着眼し、非常に実務的かつ身近に生じ得る問題ということで、各方面の関心が高く、取り上げられてきたテーマです。そういう意味では、このテーマは、運用の見直しレベルで対応するものですが、国民の方々あるいは実務家にとっても非常に影響の大きい施策と考えていまして、我々としても実務の運用を着実に進めていきたい重要課題と考えております。

　次に、現状の到達点ですが、令和４年４月14日に民事局長通達を出した段階で、まだ道半ばです。お示しした通達等の内容が現場でいかに動くか、適切に運用がされていくかという意味では、そのための議論や道しるべが必要と思っています。本日いただくご指摘や問題提起等もしっかり受け止めてこれから運用に向けた準備をしていきたいと思っていますので、是非忌憚のないご意見をいただければと思っております。

指針の位置付け

田中　それでは、まず通達、依命通知が発出された経緯も含め、指針の第１「総論」を中心に進めていきたいと思います。総論的なお話として、岡田会長からお願いできますでしょうか。

岡田　日本土地家屋調査士会連合会（以下「日調連」という。）の会長の岡田

でございます。本日はこのような機会をいただきまして、まずは御礼申し上げます。土地家屋調査士は、令和2年に施行されました改正土地家屋調査士法において、第1条に使命規定が設けられました。土地の筆界を明らかにする業務の専門家として、資質の向上を目指して専門家としての倫理を涵養させ、業務レベルの向上のための研修を充実させるなど、国民の皆様から信頼され、必要とされ続ける専門資格者として、常に進化し続けることが求められていると、日調連といたしましても考えているところです。

　振り返ってみますと、平成17年の法改正において、私たち土地家屋調査士も本人確認情報を提供できる資格者と扱われることになったと理解しています。それから17年余りをかけて実績と信頼を積み重ねてきたところでして、不動産登記規則93条ただし書に規定する調査報告書（以下「93条報告書」という。）の持つ有用性と責任がより大きなものになってきたと理解しています。所有者不明土地問題への対応に積極的に取り組み、実務家の立場から警鐘を鳴らしてきたことや、この93条報告書に真っすぐに取り組んできたことが、今回の指針につながったのではないかとも考えています。

　この指針は、向こう数年間にわたる土地家屋調査士の方向性を決める局面となると理解をしていますので、本日の座談会を通じて議論を深めていきたいと考えています。

田中　日調連として指針が発出されるまでと発出された今後、いろいろな動きがあるかと思います。これまでは法務省と日調連が指針について協議をしてきたわけですが、今後の日調連や各都道府県の単位会としての対応について、総論的なところで鈴木副会長からご説明をいただきたいと思います。

鈴木　日調連副会長の鈴木でございます。本日はよろしくお願いいたします。

　今までの日調連の動き、また、今後についてお話しします。日調連がこの指針に関わってきたのは、令和2年1月に筆界認定の在り方に関する検

討会が発足したときからということになると思います。

　この検討会の委員の人選にあたっては、日調連の役員のなかから地域的な隔たりがないように仙台、東京、滋賀、福岡から計4名の方を推薦しました。

　この検討会の協議事項につきましては、この検討会が開催されるごとに日調連の役員のみならず、全国の単位会の会員も非常に強い関心を持っていましたので、協議内容は随時、日調連の理事会等で報告し、日調連としての意見をまとめ、委員を通じて要望を出させていただきました。

　この指針の案の検討段階では、役員のみならず、全国の単位会に意見を求めました。実に200件を超える意見が出されており、この指針に対する期待感、また実際に運用された際の不安感などを多くの会員が持っていたのではないかと思っています。

　指針の発出後は、まずはこの指針の内容を正しく理解すること、さらに各法務局において予定されている表示登記事務取扱要領等の改定に全面的に協力していくことを伝えるため、日調連では令和4年5月に全国の単位会の担当者が出席する会議を開催しました。

　指針が4月に発出され、表示登記事務取扱要領等が改定され、10月には運用を開始するという超高速スケジュールで、各法務局、また各単位会の担当者は現在非常に苦労されているところだと思います。

　今のところ大きな問題点などは上がってはおりませんが、何かありましたら法務省と協議を重ねていきたいと思っています。

田中　日調連の皆様には、これまで検討会、指針案の検討、意見の提出、それから指針発出後の現場でのスムーズな運用のための協議といったところでご尽力いただいておりますこと、この場を借りて感謝申し上げます。

　指針は、筆界認定の在り方に関する検討会の報告書も参考にしてできたものですが、検討会の委員として参画された新井先生から、検討会での議論も踏まえて、指針の受け止めについてお願いいたします。

新井　法務局OBで、現在、都城市で代表監査委員を仰せつかっております新井でございます。

昭和35年法律第14号によって表示に関する登記制度が創設されてから62年が経過した今、藤田課長からご紹介のありました所有者不明土地問題を契機として、筆界関係登記手続において、これまで慣例的に行われてきた筆界確認情報の提出を求めることを基本とする取扱いについて、法務省民事局として見直す方針を明らかにしたことは、表示に関する登記手続のなかで非常に大きな意義があると考えています。

　ところで、主権、国民及び領土が国家の三要素といわれております。「国民」に関する情報は戸籍であり、「領土」に関する情報は登記です。戸籍及び登記に関する事務は、いずれも法務局が所管しています。

　私は、不動産登記制度は、不動産に関する情報として捉えることができ、これには、領土情報（国土管理情報）と取引情報があると考えております。前者は表示に関する登記であり、後者は権利に関する登記です。権利に関する登記は、民法177条の規定を受けたもので、私的自治の原則が支配する民法の手続ですから、申請主義が基本です。これに対して、表示に関する登記は、国土管理情報ですから、国家が責任をもって一筆単位の物理的状況を明らかにすることが求められるので、職権主義が原則です。土地は、社会経済活動の基本でありますから、国土管理情報には物理情報とともに所有者情報が必要不可欠です。所有権の登記名義人又は表題部所有者に相続が発生した場合に、登記記録上いかに公示するかが問われているのが所有者不明土地問題です。

　このようななかで発出されたのが今回の筆界確認情報の取扱いに関する通達です。このなかの「指針」は、非常に細かいところまで詳細に記述しています。この通達を作成するにあたっては、全国的に法務局の意見を吸い上げ、また、日調連においても各単位会での意見照会を経たと聞いております。これは、表示に関する登記創設から60年余の実績を踏まえた、筆界関係登記あるいは筆界確認情報に関する取扱いの集大成ともいうべきものです。この通達作成に携わった方々のご労苦に対し、敬意を表したいと思います。

　私は、法務局OBとして、全国の法務局職員が、この通達、依命通知、

指針に基づいて、表示に関する登記事務を適正、迅速に処理するとともに、表示に関する登記の面白さを見出してくれたらありがたい、と思っております。

田中 歴史を含めたお話、それから集大成であるというお褒めの言葉をいただき大変うれしく思います。これができたのも法務省だけではなくて、検討会の委員の皆様方、日調連、土地家屋調査士の先生方のご協力があったからこそだと思います。

　それでは、ここで検討会の委員に土地家屋調査士として参画された内野先生からもご発言をいただきたいと思います。

内野 土地家屋調査士の内野でございます。先程、鈴木副会長からお話がありましたように、検討会には、土地家屋調査士として当時の日調連の役員４人が委員として参画しました。私もそのうちの１人として全４回の検討会に出席しました。

　登記実務の観点から筆界の調査・認定の在り方について検討することを目的とした検討会に参画して、筆界確認情報の提供に関する取扱いを整理するという大変貴重な場面に立ち会うことができたことは、筆界の専門家として誠にうれしく思います。また、その機会を与えていただいたことに感謝をしている次第です。

　令和２年施行の土地家屋調査士法改正でも明確に示されましたように、土地家屋調査士は、土地の筆界を明らかにする業務の専門家であり、筆界に関係する業務は土地家屋調査士の業務のなかでも大変重要な位置を占めております。

　現地復元性のある不動産登記法14条１項地図や地積測量図が備え付けられている場合を除いて、多くの場合は、筆界の位置の判断をすることは相当な困難を伴う作業になっています。

　調査をする土地の筆界が創設された当時に作成された資料から現在に至るまでの資料、そして現地の状況、所有者等の認識を調査した上で、これらの証拠を総合的に勘案して筆界の位置を判断しています。

　これらの証拠の具体的な調査の方法や評価、判断の仕方というのは、そ

の土地の地域性も考慮して行われます。筆界に関する論考や文献は、法務省関係のものをはじめとして、研究者によるものなど非常に多くありますが、これらによって示された内容と実務での経験によって、登記官や土地家屋調査士の間では、筆界の認定について常識や共通認識となっていることが、指針のなかに詳細な注書きと解説を加えることによって、一般にもわかりやすく、また簡潔に示されているものと思います。

　登記所備付資料等の一般的な評価の内容や、新しく又は改めて定義された用語などは、今後、筆界を論じる上での基礎として一般に理解され、活用されていくものと思います。

田中　それでは、法務局の現場の第一線の責任者として戸井首席から、通達、依命通知、指針が発出されたことについて一言お願いしたいと思います。

戸井　大阪法務局民事行政部不動産登記部門首席登記官の戸井でございます。よろしくお願いいたします。

　4月に発出された通達、依命通知、指針は主に2つの意義があったと考えています。

　1つ目は、これまで例えば筆界が何であるかということが書かれた本は結構ありましたが、実際に登記官が筆界を認定する手法や考え方を示したものはあまりなく、筆界を認定する上で資料となり得る筆界確認情報の利用をどのようにしていくのかというところが書かれたものはおそらくなかったのではないかと思っています。そういった意味では、今後、登記官が筆界認定をする場合に参考になる、1つの方向性を示すものとして非常に重要なものになると考えています。

　今後、表示登記を担う若手の法務局職員や、まだ表示登記を担当したことがない職員も指針を読めば、筆界はこういうもので、筆界の認定というのにどういう考え方で行うかというのが理解できるのではないかと考えています。現在、筆界認定をしている登記官も含め、この指針は法務局全体としても非常に有意義なものと感じました。

　2つ目は、所有者不明土地問題への対応です。私は今、首席登記官とい

う立場なので、直接事件を担当するということはないですが、現場を見ていると、隣接地の所有者の所在がわからないといった事例がやはり増えてきているように感じます。具体的な数字で申し上げているわけではなく肌感覚ではありますが、所有者不明土地問題が徐々に広がりつつあるのかなと思います。

　そういった場合に、筆界確認情報の提供がないと登記ができないとなると、社会経済活動の基盤である不動産取引が阻害されますので、今回の通達、依命通知、指針が発出されたことによって、所有者不明土地であったとしても登記官が積極的に筆界を認定していくことができるということは非常に重要なことであると考えます。

指針ができるまでの経緯

田中　総論的なことについて登記所の観点からお話しいただきました。

　先ほど鈴木副会長も言われましたが、指針ができるまでに多くの意見が寄せられました。実は、法務局と日調連に対して3度にわたる意見照会を行っていて、法務局からは約460件、日調連からは約240件、合計700件弱の意見が届きました。いずれも現場の登記官や土地家屋調査士の経験と知識に基づくもので、なかにはこの指針の案とは相反するものもありましたが、よくぞ書いてくれたというような応援、賛成の意見も多くありました、特に土地家屋調査士からこのような応援をいただいたことは大変うれしく思いました。

　日調連で意見を取りまとめられた鈴木副会長から、意見照会をしているなかで、会員の土地家屋調査士がどのように思い、どのように対応したのかご紹介いただけますか。

鈴木　200件を超える本当にたくさんの意見をもらいました。ふだんパブコメだとほとんど意見をもらえない状態ですが、今回は全く違いました。この背景には、指針が出ることによって私たち土地家屋調査士が今まで行ってきた筆界認定が否定されてしまうような気がしたということもあるのかなと思っています。そんなことはないのですが。

筆界の認定というのは、本当に個別事案ごとに様々な苦労があって、一般的、理論的に、一概に論じるというのは不可能なのではないのかと皆さんが思っていたんですよね。隣接所有者の立会いを行って、立会いのなかでも、いいよ、悪いよという二択ではなく、まあまあいいかなとか、嫌だなとか、何となくちょっと嫌だけど皆がいいと言うならいいなとか、そういう中間に位置するような意見も多くあります。過去の資料との整合性もありますが、古い測量図だと整合なんかぴったりはしないんですよね。まあまあ整合する辺りでうまく落ち着けて、いろいろと考慮しながら、測量したデータを基に画地調整を行っていく。こういう作業というのは、まさに土地家屋調査士が職人であるとされるゆえんなのかなと考えています。

　今まで職人であるという自負を持ってやってきたにもかかわらず、筆界はこういう指針のとおり、理論的にやってきたらできてしまうなんていうことを言われたように感じて寂しい気持ちになったのだと思います。私も第一案を読んだときには同じように、筆界の位置はこうやって理論的にやればまとまるんだよ、と言われたような気がしてちょっと寂しいなと思いました。

　しかしながら、指針はあくまでも指針であって、基本的な考え方を示したものにすぎない。これによって全ての筆界認定ができるようなものではないと考えています。今回の指針によって、私たちが行ってきた画地調整を論理的に行うことができて、将来的にはITが筆界を認めてくれるような時代が来るのかというと、そういうわけではないと思います。こういった筆界に対する思いというのが土地家屋調査士は非常に強い。これがたくさんの意見が寄せられた理由ではないかと思います。

　今回、意見募集を通常よりも多く、3回も行ったことは非常によかったです。意見募集をやっている過程で、だんだん指針に対する理解が深まっていったように思います。

田中　指針のとおりにやったらすぐできるのではないかという一抹の寂しさというのは今日初めてお聞きしましたが、法務省側はそういうふうなことは全く考えておりません。その点は、今、鈴木副会長が言われたとおり、筆

界の調査というのは各現場で全て違いますし、ITではできないと私も思っています。意見をお寄せくださった土地家屋調査士の皆様にも誤解がないよう、ここで改めて言及させてください。

　では、法務局側、現場としてどうだったかということを戸井首席からご発言いただきたいと思います。

戸井　大阪法務局のお話をさせていただきます。この意見の照会があったときは、各支局・出張所、登記官に照会をしましたが、ほとんど意見は返ってこなかったです。というのは、実は大阪法務局を含む近畿ブロックの各局は、不動産の表示登記の細かい取扱いを定めた取扱基準があります。平成23年にそれを全面改正いたしまして、もともとあった筆界確認情報の提供を求めるという規定を全て削除しました。

　任意提供資料の提供というのは求めないということで全て改正しました。筆界確認情報というのは確かに有力な資料にはなり得ますが、法務局の保管資料であるとか、現地の状況などを総合的に勘案して、筆界を認定すべきだという考え方が平成23年の基準の改正のときに示され、基準では筆界確認情報の提供を求めるという文言がなくなりました。そういった下地がありましたので、大阪法務局で意見照会したときには、「今さら何言うてんねん」というような反応ではなかったかと感じています。

　今申し上げた平成23年の改正のときには、私は、実は改正作業を担当したわけですが、相当苦労いたしました。やはりそれまで筆界確認情報に軸足を置いた調査がなされているなかで、求める規定をなくすというのはどうなんだという意見が非常にたくさんあって、支局・出張所を全て回って説明をして納得をしてもらったという経緯もあります。おそらく大阪でも提供を求める規定が今あるとすれば、同じような状況になったのではないかなと思っています。

田中　思い出しました。大阪法務局はそうでした。私も大阪法務局にいましたから、今、戸井首席に言われるまで忘れていましたが、今さら何を言っているんだという意見の職員も多かったのかと思います。

　とはいえ、私が法務省の立場で見ていたところでは、やはり筆界確認情

報ありきの法務局というのも、先ほど新井先生が言われたようにたくさんありました。そういった法務局からはやはり反応が結構大きくて、こんなことやっていいんですかという意見がたくさん上がってきました。それが、寄せられた意見に答えるうちに、第2回、第3回の意見募集を重ねるうちにだんだん先ほど鈴木副会長が言われたように理解が深まっていきました。やはり法務局によって捉え方が違ったようです。

　これまで土地家屋調査士側と登記官側のお二人のお話をお聞きしましたが、法務省側では、指針をつくったときに相反するものも含めて、できるだけ多くの意見を取り入れるよう努めました。ですから、法務省だけで作ったというふうには全く思っていなくて、現場の土地家屋調査士、登記官の皆さんと一緒に作ってきた指針だと思っています。

新井　その点については、法務局はその数は以前に比べ減少しましたが、全国の主要な地に直轄の出先機関を有する組織です。在職中はこのことは当然のことと思っていましたが、実は大きなメリットなのです。中央省庁が新たな行政施策を講じた場合、これを具体的に執行するのが地方の行政機関ですから、政策立案部局と執行部局との意思疎通が極めて重要であり、これが円滑に機能していることが国民の求める行政サービスの提供につながるのだと思います。そういう観点から今回の通達発出の経緯をみると、全国に直轄の出先機関を有する法務省・法務局という組織だからこそ現場の意見を聞くとともに、「不動産の表示に関する登記及び土地の筆界を明らかにする業務の専門家」としての土地家屋調査士の協力を得て、組織一体となって企画・立案した、ということができると思います。令和5年4月に施行される相続土地国庫帰属法などの新しい制度の運用においても法務局の組織のメリットが最大限活用されるものと期待しております。

田中　法務局の組織のメリットというところも改めて褒めていただいてうれしいです。今、相続土地国庫帰属制度の話が出ました。まさに法務省としても検討しているところですが、この件についても同じように現場からどんどん意見をもらう形で検討を進めているところです。

藤田　所有者不明土地問題については、大きな流れとして、法務省のみで施

策を検討して実現することは難しく、また相当でない課題と思っています。これだけ根深い、困難な課題に対応していくためには、全国の法務局はもちろんとして、日調連、土地家屋調査士といった実務家の皆さんや、自治体関係などの現場ともしっかり連携していかなければなりません。その意味で、土地家屋調査士の皆さんとの関係をこれからも大事にしていきたいと思っていますので、引き続きよろしくお願いします。

筆界確認情報の提供等を求めない場合

田中　それでは、第2の項目「筆界確認情報の提供等を求めないものと判断することができる場合」に移りたいと思います。こちらは、筆界が明確であることから筆界確認情報の提供等を求めないものと判断することができる場合における筆界の調査・認定です。

　　土地家屋調査士としてどのように対応するか、これまでと大きく変わることがあるかどうかについて、土地家屋調査士の視点で内野先生からよろしいでしょうか。

内野　大変難しい論点ですが、まず端的に結論から申しますと、我々の調査・認定の方法というのは大きく変わることはないであろうと考えております。

　　資料の調査から始まって現地の調査・測量をしないと筆界確認情報の提供が必要かどうかの判断もできないわけですので、土地家屋調査士としては、筆界の調査・認定にあたっては、これまでどおり資料の調査と現地の調査・測量を行って筆界の位置を判断することに変わりはないだろうと思います。調査の手法や方法も当然変わらないと考えております。

　　ただ、先ほど冒頭で申しましたように、その調査・測量の上で、既存の資料との整合性も踏まえ、筆界確認情報を作成するか、それを提供するか、提供の仕方をどうするか等については本指針に従って検討し、現場の状況に合わせて決定していくことになると思います。筆界確認情報の提供に関して変化があるかどうかというと、そういうことになろうかと思います。

第2の4「適用手法」の(1)で申請土地の地域種別がまず市街地地域である場合の記述がされています。ここのウですが、この項は、現地復元性のある地積測量図が備え付けられている場合において境界標があるときについて書かれています。この前に書かれている1項地図の場合は、境界標がある場合としてアが、ない場合としてイが書かれているわけですけれど、ウについては、境界標のない場合のことが書かれていません。このことについては、解説の4で示されているとおり、一筆地の図面情報である地積測量図と広範囲にわたる図面情報がある1項地図等では、妥当性を検証する情報量に差があるためであるとされて、これは当然そうだということで理解するところです。

　この点について、検討会のときにも私は意見をしているのですけれども、土地家屋調査士は、基本三角点等に基づいて世界測地系の成果による精度の高い現地復元性を有した地積測量図を日々作成することに注力をしているわけです。ですので、単に境界標がないからといって当該筆界が明確でない、つまり、登記官の筆界認定の心証形成ができないと単純に一般に理解されることは本意ではないと思っております。当然、このような場合に当該地積測量図に記録された現地に残存する基準点や境界標の成果から、当該筆界点の位置を復元することが可能である場合も少なくないと思います。その場合には、復元に用いた具体的な手法と整合性の検証結果などを93条報告書に記載して報告することで対応できるものと考えております。

　このことについては、本指針全体の記載から、このような理解で当然よいだろうということは読み取れるのですが、先ほど言いましたウだけを取り上げて読んでしまいますと、登記官も土地家屋調査士側も、境界標がないことのみをもって当該筆界が明確とは言えないと、単純にといいますか、拙速に理解されると困るなと感じていて、この点はちょっと心配をしているところです。

田中　最初に、変わらないと言ってもらいましたこと、ありがとうございます。それから、第2の4(1)のウのご指摘はごもっともで、これも法務省内

第1章　表示に関する登記における筆界確認情報の取扱いに関する指針の解説　113

ですごく議論をしました。ここをどうするかというのが悩ましくて、解説の4で、「検証が可能な場合などにおいては、イの適用手法に準じて取り扱うことも考えられる。」と入れたのですけれども、ここは内野先生が言われたとおり当然に明確であると言える場合もあり、そちらのほうがどちらかというと多いのではないかと思います。

　最終的には、ここは区別しておかないといけないという結論になりました。これを運用するときに、今内野先生が懸念されたところは、やはりそうなってはいけないと思っておりますので、意見照会の際に提出された意見のなかで法務省としての考え方を明確にしておいたほうがよいと思われる内容をまとめ、これに対する回答として法務局に周知しています。今後の運用にあたって、今言われたようなご懸念が発生したときには、法務省のほうからメッセージも含め、フォローをしたいと考えています。

　それでは、登記官としてどのように対応するか、これまでと大きく変わることがあるかについて、登記官の視点から戸井首席にお願いしたいと思います。先ほどのご意見からすると、大阪法務局は変わらないという答えが見えているかもしれませんが、変わるであろう局、これまで筆界確認情報をとても重く見ていた局としてはどうかという視点も含めてご発言をいただけますと助かります。

戸井　誤解が生じないように先に申し上げておくと、登記官として筆界確認情報が不要だと言っているわけではないというところはまずご理解いただきたいと思います。もちろん、筆界確認情報がなければ、登記官が、原野みたいな何の構造物もなくて、地形もない平らな現場に行って、筆界はどこですか、指し示してくださいと言われたとしても、資料が旧土地台帳附属地図しかないような原始筆界であればほぼ不可能ではないかと思います。

　そういったときには、所有者の認識、隣接する所有者間で認識が一致した線というのが登記官として合理性があると判断できるのであれば、そこを筆界として認定できるという考え方は当然持っていますので、否定をしているわけではありません。

ただ、筆界認定においてこれまで筆界確認情報に軸足を置き過ぎていたのではないか。やはり先ほど申し上げたように、筆界認定にはいろいろな要素があるわけですから、筆界確認情報があれば何でもよいというような、軸足の置き方はちょっとバランスが悪かったというところがこれまであったのではないかなという気はします。今般のこの指針によって、その軸足の部分が正しい方向に導かれていくのではないかなと思っています。

　先ほど内野先生からご発言がありましたとおり、確かに境界標はなくても復元して筆界が認定できる場合というのもおそらく多数あると思います。この点、土地家屋調査士の先生方はそうは思ってないかもわからないですけれども、我々登記官の頭のなかには、いわゆる座標値という数値があるのです。数値というのは怖くて、見た目がもっともらしいのです。非常にもっともらしく、これは正しい。だから、例えば座標値がある地積測量図があって、測量したら座標値が微妙に違う、そういうときどう判断するのだというのがなかなか理解できない人もなかにはいるというところもあって、この指針のなかでおそらく先ほどご指摘のあった点（第2の4(1)ウ）というのは、典型例を書いたのだろうと思っています。

　やはり境界標があれば、その周辺に復元できて、周りの状況からも相当であるというような心証が得られれば、筆界確認情報がなくても当然認定できるでしょう。例えば境界標がなくて、都市部で何ミリかで争いがあるようなときというのは出てくるのですよね。2ミリ違いますとか5ミリ違いますという話も出てくる。そういったときに、登記官として、復元された点がここですと言われて、こういった画地調整をしました、でも、現地には境界標がない、そういったときにどう考えるか。これは永遠の課題だとは思っていますけれども、考え方によってはできる場合もあるでしょうし、なかなか認定できないなと考える人もいるのかなと思っています。

　ただ、そういったことを考えていくというのが非常に大事で、これは土地家屋調査士の先生方が作成する93条報告書には、こういう手法で画地調整をして、こういう復元をして、そういったことで土地家屋調査士としてはここが筆界点であろうと考えているのだ、ということが記載されていま

す。それを登記官が読んで筆界の認定についてどう考えるかというのを日頃から考えていけば、少しずつではあるのでしょうけれども、筆界認定のスキルというのがどんどん上がっていくのではないかなと思っています。

　私も検討会に参加をさせていただいて、確かにここは内野先生からもご指摘のあったところで非常に悩んだところではありました。登記官もどちらかというと、座標値絶対主義というか、座標値の数値が全てであるみたいな考え方を持っている人もなかにはいるので、いやいや、そうではないんですよと。測量には誤差というのもあるし、復元にも誤差が伴いますから、機械的に復元した点が筆界点であるのかどうかというのは、やはり調査をして確認しなくてはならないというところは、おそらく土地家屋調査士もそう思っているでしょうし、登記官もそう思っているというところで、今後、スキルを上げていく必要があるかと思っています。ただ、どう上げていくかは課題ではあるかと思います。

田中　大阪法務局以外の現場で大きく変わるような戸井首席の想定というのは何かございませんか。

戸井　先ほど申し上げたとおり、大阪法務局では平成23年に基準を変えたのです。そのときに、基準を変えたから筆界確認情報の提供を一切求めないのかという質問が結構ありました。

　確かに、求めないけれども、登記官として先ほど言ったように認定できない場合というのも当然あり得るわけですから、そういった場合で既に筆界確認情報が作成されていて、提供ができるというようであれば、そこは提供を受けてもいいのではないか。こちらからは求めないけれども、1つの資料収集という形で、そこの筆界確認情報があるのであれば見せてくださいということは当然あってもいいのかなというふうには言っていましたね。

　だから、大阪以外で筆界確認情報の提供を求めている法務局があって、明日から一切求めないですよというわけにはいかないし、それはなかなか現場が混乱することでもあると思うので、一定の提供を求めるというところを合理化していこうという指針で、一律に求めないということにはなっ

ていないので、その点は、大阪法務局でやった平成23年の改正よりは混乱は少ないかなと思います。

新井 境界（筆界）は、明治初期の地租改正事業によって創設されたと考えられていて、農村地域においては、戦前あるいは高度成長期までは人の移動はほとんどなく地域社会が存在し、また、農地が商品化しておらず地価も安定していました。このため、境界について問題が発生した場合には、公図（物的情報）のほかに、隣接地所有者あるいは村の有力者の証言（人的情報）が得られ、さらに、境界に対する認識もおおらかであったと考えられます。ところが、今日においては、測量技術が高度化し、数値測量が一般化してきました。地図（不動産登記法14条1項）や登記所に提出される地積測量図が図上読取りのアナログ情報から世界測地系測量成果によるデジタル情報に代わってきたのです。

　このように数値化された地図や地積測量図に基づいて筆界を復元することが可能となっている（物的情報によって筆界を特定できるようになっている）にもかかわらず、依然として隣接所有者の立会い（人的情報）に頼るという登記実務の取扱いは、その合理性が問われているのではないか、という問題意識があります。

　もっとも、測量には常に一定の誤差が含まれているのです。しかし、行政に携わる者は、その習性として、常に形式的正確性を求めたがるものですから、許容誤差の範囲内であっても、1ミリでも一致していないと、何となく気持ちが落ちつかないのでしょう。

田中 戸井首席から座標値絶対主義の話、それから新井先生からアナログからデジタルにという話というのが出て、数値に振り回される登記官がちょっと頭をよぎりました。

　お二人が言われるようなことは、私も経験がありますけれども、座標値がこの数字なのだから、筆界はここに決まっているだろう、これ以外絶対動かないのだと考えている登記官に確かに私も会ったことがあります。実は、土地家屋調査士にもこういった方がいらっしゃって、すごく固い方だと思ったことがあって、「いやいや、先生、ここの土地の所有者の方、こ

第1章　表示に関する登記における筆界確認情報の取扱いに関する指針の解説　117

こを指していますよ」とか、「いやいや、座標値だと2ミリこっちだ」とか、というようなお話をしたことがあります。

　今どちらがいい悪いという話をするということではなくて、ちょうどお二人が数値だけにとらわれるなという、そういったいい意味でのアドバイスをくださったことで思い出しました。ここはスキルを上げていかなければなりませんね。

新井　指針の解説では、登記所に提出されている地積測量図について、主として提出時期によって分類しています。私が現場にいたときの感覚では、土地台帳事務と表示に関する登記事務を並行的に行っていた昭和35年から10年間ぐらいの時期は、分筆をする場合には隣接地の立会いは行わずに、土地を測量して地積測量図を作成するのが一般的でした。このため、ミニ開発に伴い、全国的な地図混乱地域の発生につながってしまったのです。

　私は、先輩登記官から、地積更正登記の申請書には、隣接所有者全員の印鑑証明書付きの承諾書を添付するとの指導を受け、当初はそのように処理していました。したがって、地積更正登記申請書に添付された地積測量図は、当時としてもそれなりに正確なものであるというのが私の理解です。登記所に保管されている地積測量図は、地積更正登記のものかそれ以外のものかによって証拠価値は違うのではないかと思っています。今日では、「私の常識は世間の非常識」となっているのでしょうか。土地家屋調査士の先生で経験的に同じような考えを持っている人はいらっしゃいませんか。

鈴木　私は土地家屋調査士歴25年ということで、中堅ぐらいなのかなというところですが、入会した頃は、当然、地積更正登記というのは非常に重要なものだから、印鑑証明書をつけて申請をしなさいという指導を受けていた時代です。

　それによって精度が違ったのかどうなのかというと、その時代ではそんなに精度は変わらなかったかと思います。ただ、もう一世代前の頃になってくると、今の新井先生がおっしゃったような話も聞いたことがあります。ほかの二人の土地家屋調査士の方はいかがでしょうか。

岡田　私自身も平成になってからの登録なので34年目ぐらいですけれども、新井先生がおっしゃったような取扱い、補助者の時代を含めてあったように感じていますけれども、当時、土地家屋調査士側にも筆界と所有権界という峻別というか理解ができていた人はどれほどいたのかと思います。今から考えるとそんな感覚かなと。

　所有権界に近しいようなもので境界確認書を印鑑証明書付のものを取得して、それで地積更正をしていたということもあったのかもしれないというのが正直な感想です。ただ、93条報告書が誕生してからは、そのようなことは私の知る限りでは無いと理解をしているところです。

鈴木　皆さんの先ほどからの話を聞いていまして、本当にちょっと前までは境界確認書至上主義者、これは登記官もそうですし土地家屋調査士もそうなのですけれど、結構そういう方が多かったかと感じておりまして、最近、座標値絶対主義者の数が増えてきて、その分、境界確認書絶対主義者がちょっと減ってきているように思います。

　でも、筆界を認定するにあたって、何とか至上主義とか絶対主義というのを主張されると非常に難しいのかなという部分がありますので、今回、この指針が出たことによって、これだけに特化するのではなくて、筆界というのは総合的に判断するのだ、という新たな土壌みたいなものをこれをきっかけに作っていくことができればいいと思いました。

田中　興味深い単語が出ました。境界確認書絶対主義、筆界確認情報絶対主義ということですか。これは私も聞いたことがあります。

　ここに書いてあることが全てだという、これ、実を言うと、市役所の道路明示を担当する職員にもこういった方がたくさんいらっしゃいまして、私も苦労したことがありますけれども、やはり土地家屋調査士、登記官、官公署の職員のなかにもある一定数はいるのだろうなと思いますが、その一定数の方に筆界確認情報が絶対ではなく総合的に判断するということを説明していくことが必要なのかと思います。大変ではありますが。

筆界が明確であるとは認められない場合における筆界の調査・認定

田中　それでは、続いて第3の項目「筆界が明確であるとは認められない場合における筆界の調査・認定」についてお話を伺いたいと思います。このなかには4つの項目があります。指針の第2の要件を満たさない場合でも、筆界確認ができる人がいればその人にやってもらいましょうという考え方に基づくものです。

　　　この内容が実務に対してどの程度効果があると思われているか、土地家屋調査士の先生方に聞いてみたいと思うのですが、岡田会長の地元愛媛ではどのような効果があるとお感じになっていますか。

岡田　私の地元は、管区は高松法務局、そして一番近い法務局は松山地方法務局です。松山地方法務局あるいは管区の高松法務局での取扱いでは、従前から93条報告書のなかで土地家屋調査士あるいは土地家屋調査士法人がしっかりとした説明をしていれば、共有者のお一人の確認で受理はされていたところではあるのですけれども、それを今回この指針において全国統一といいますか、はっきりとした形で示されたことはとても意義のあることだと理解をしています。

　　　そして、単に共有者の一部でいいということではなくて、あくまで合理的な探索を行った上であるとか、それぞれの要件が付されているところが大事なところだとも感じています。筆界を認定できるということに至れば、例えば合理的な探索を行ったけれども、行方がわからなかったような他の共有者が後日、異議を唱えた場合であったとしても、了解した共有者は筆界に対してそういう認識だったのだけれど私の認識は違うということはあり得ないわけですよね、筆界ですから。

　　　つまり、筆界は動かないものであって、人の意思とか共有者の合意で形成されるものではないということ、さらには、現代においても、所有権界というものと筆界というものの存在を国民の皆さんはほとんどご存じないはずなので、筆界は動かないもの、所有権界というものと筆界というもの

の存在があるということを国民の皆さん、依頼者の方々に理解をしていただける大きな一歩に私はなると理解しているところです。

　そういうことによって、財務事務所や自治体の取扱いにも影響が出てくるようになっていくと感じています。

田中　今後の影響について発言していただきました。

　この指針は、所有者不明土地対策の一環として検討が始まって今に至っているわけですけれども、所有者不明土地対策としての効果というのはどのようにお感じになっていますでしょうか。指針の第2と第3によって、現場で困っていたことが解消されるとか、まだこのような問題点があるなど、土地家屋調査士の視点で鈴木副会長からお願いできないでしょうか。

鈴木　第2、第3でいろいろなパターンが挙げられているところですが、今回あくまでもこれは登記の筆界確認情報の指針ということで、一般の取引には影響を及ぼすものではないと思っています。しかしながら現場としては、通常の不動産取引においてもこういった取扱いがなされていかないと、実務はなかなか難しいのかなと至るところで感じているところです。

　昨日も実は1件、私は境界の確認をして、おじいちゃんが施設に入っていてほとんど意思表示ができない状態で、娘さんに立ち会っていただいたという案件がありました。その際、娘さんから、自分に印鑑を押す権限はあるのでしょうかと聞かれました。これはお互いさまで、一番知っている方が押していただければいいのではないでしょうかということでお話をしたのですけれども、どうしても今の不動産取引において、隣接の方々の境界確認書を売買条件とするという実例があるものですから、今回のこの指針は、指針として非常にいいのかなと思っておりますが、これが実態のそういったところにまで及んでいくようなことができればいいかと思っております。

新井　指針第3に関係したことでいえば、最高裁判所は、共有地の境界確定訴訟について、「境界の確定を求める訴は、隣接する土地の一方または双方が数名の共有に属する場合には、共有者全員が共同してのみ訴えまたは訴えられることを要する固有必要的共同訴訟と解するのが相当である」と

判示しています（最一小判昭46・12・9民集25巻9号1457頁）。登記実務においても、隣接地が共有名義である場合には共有者全員の筆界確認が必要との取扱いをしているものと思われます。

　ところが、筆界確定訴訟においては、判決によって筆界が確定し、筆界が形成される効果が発生するのに対して、筆界関係登記によって当該登記に係る既存の筆界が形成されたり確定したりするものではありません。地積更正の登記後であっても更に地積更正の登記が認められるとする先例（昭和46年9月14日民事三発第528号民事局第三課長回答）は、このような理由によるものと考えられます。

　筆界関係登記において求めている隣接地所有者の筆界確認情報は、所有権の範囲の問題ではなく、公法上の境界（筆界）の認定資料のためなのです。そうすると、筆界確認情報提供の趣旨は、隣接地所有者が認識する申請地と隣接地との公法上の境界（筆界）がどこで、その認識の根拠は何か、ということではないかと考えるのです。それから、共有地の売買等の処分行為は、共有者全員が関与しなくてはいけませんが、共同相続の開始によって共有名義となった隣接土地についての公法上の境界（筆界）を確認する場合において、共同相続人全員の関与が必要とする取扱いの下では、幼い頃から地球の反対側のブラジルに居住している共同相続人の一人に対しても、「日本国内の相続対象土地の公法上の境界はどこですか」と聞くことになりますが、「そんなこと聞かれたってわかるはずがないでしょう」ということになるのではないでしょうか。このような場合において、例えば、相続対象土地に被相続人と長く同居している共同相続人がいる事例においては、特段の事情がない限り、その共同相続人の一人が当該相続対象土地の状況を一番よくわかっていると考えられますので、その共同相続人の意見を求めるだけで足りるという議論もあり得るのではないかと思っています。

　このように理解しないと、隣接地について相続が開始していて、その相続人の所在が不明である場合における筆界関係登記が極めて困難となります。そういう意味から、所有者不明土地問題を機会に、共有名義の隣接土

地問題の筆界確認の方法について、一定の整理ができたことは極めて有意義だ、というのが私の感想でございます。

田中　第3の共有の関係、これを補強する発言をいただきました。

藤田　新井先生のご指摘に関連して、共有物の管理、処分の在り方について、令和3年の民法改正で共有関係の規律が見直されたところであり、それに伴って表示登記を含めた登記実務がどうなるかという点は注目すべき論点だと思っています。その点は、我々も問題意識を持って検討していきたいと思います。

登記官と土地家屋調査士の連携

田中　この指針を運用するにあたって、現場で土地家屋調査士と登記官がやり取りをする場面が出てくるだろうと思います。例えば先ほど出ていた調査をどうするか、画地調整をどうするか、93条報告書をどうするか、そういったところがありますけれども、第1の4の解説にあるような、例えば1項地図でも4項地図であっても、隣接地の所有者がいなくても登記官が筆界の認定ができる場合とか、第2とか第3にある筆界の調査をする場合に、登記官と土地家屋調査士が協議するということがとても大事なことだと考えています。

　　　例えば、土地家屋調査士がここまで調べてきましたと言って、いや、こんなの駄目ですよと登記官が言ってしまうと、土地家屋調査士さんは相当困ると思います。

　　　そういったところの難しい案件は、事前に相談するとか協議するとかという場面について、土地家屋調査士の先生方で今こういう思いがあるというのがありましたら紹介いただけないでしょうか。内野先生いかがでしょうか。

内野　事前の登記官との協議についてということですけれども、実際の現場では、筆界の認定が困難な事案については、申請にあたって事前に登記官と協議をすることは、どの地域でも以前から行われていることだと理解をしております。

第1章　表示に関する登記における筆界確認情報の取扱いに関する指針の解説　123

私の地元の東京の場合、直接管轄登記所へ出向いて登記官と直接協議することは、今はしない運用がなされています。ではどうするかというと、既定の相談票の様式がありまして、それに相談の内容と、それに対する土地家屋調査士がこう考えてこう結論を出したという根拠を明確に記して、検討図をさらに添付するなどして提出します。そうすると、後日、管轄登記所から電話で回答がなされるという方法に今はなっています。

　以前はどこでもそうだったと思いますけれども、いきなり直接出向いて、都度気軽に相談できたので、この方式では少し敷居が高いなという気もすることはするのですけれども、考えてみれば、相談の段階において、筆界の判断に関する内容とこちらの考えを文章にある程度まとめて、また図面としてもある程度表現をして持っていくことになりますので、土地家屋調査士と登記官の認識のすれ違いとか結論における相違がはっきりとわかり、大変いいことだなと最近は思うようになっています。最初はちょっと面倒くさいなと思っていたのですが、このような感じです。

　これに対する問題点というのは、先ほども言いましたけれども、回答に数日かかるということです。行ってすぐ何かコメントをいただけるということではありません。あと電話での回答であることがほとんどなのですけれども、そうすると、我々、相談を持ちかけた土地家屋調査士側には物が残らない。電話の声だけで回答を聞くということになります。貴見のとおりで差し支えないという本当に簡単な一文でもいいので、文書やメールで回答いただけると間違いがなく、また依頼者へ説明する際にも助かり、ありがたいというふうには思っています。

　それから、指針第3の取扱いがされることによって、これまで筆界確認情報の作成が困難となっていた場面の大半において、問題の解決が図られるものと思っています。特に、共有私道や敷地民有道路の場合に大きな効果があるものと思います。共有者の数にもよりますが、共有私道の場合には、共有者等の一部の者が所在不明であったり、筆界確認情報の作成に一部の者から協力を得られなかったりする場面は多く、また敷地民有道路にあっては、所有者が不明であったり、相続人が多数であったりして筆界確

認情報の作成が困難な場面も多くあります。

　これまでこのような場合には、筆界特定制度を利用して解決を図ることが多く、正確な数はわかりませんが、かなりの比率でこの類型の申請があるように感じています。今後指針第3の取扱いによって、筆界特定の手続によらず筆界の認定が円滑に行われるようになれば、土地所有者と法務局双方の負担は大きく軽減されるものと思っています。

田中　事前に調査票といいますか、そういったものを提出してもらう方法というのは、今どこの法務局でも採用していると思います。筆界をこの方針で確認しようとしているが、これでどうだろうかという相談があったときに、どのような対応をしているか、登記官の側からということで、戸井首席からお願いできませんか。

戸井　大阪法務局の場合ということになりますけれども、基本的には筆界認定が難しいような事案については、可能な限り事前に管轄登記所の登記官と相談をしてくださいということにしております。

　実際の運用は予約制をとっておりまして、まず土地家屋調査士の方から予約を取っていただいて、相談票を作って資料とともに提出していただきます。大部分はやはり筆界認定が難しい事案で、その場で答えるというのはなかなか難しいということもあるので、その相談票を基に、必要に応じて聞き取りもした上で、表示係のなかで合議をしていくという形になっています。

　大阪法務局では、大体どこの登記所もそういった形になっていると思いますけれども、特に筆界認定が難しく悩ましいような事案は、いきなり登記申請で出されると処理が滞ってしまうというところもありますので、お互いスムーズに仕事をしていくという観点からも、事前に相談していただくというのは非常に重要なことかと思っています。

田中　今、大阪法務局の例を紹介いただきましたけれども、私も西日本で何局か表示の現場を経験しておりますが、今と同じような形、それから内野先生が言われた事前に相談票を出してもらうという方法をとっていました。1人の登記官が単独で返答すると独りよがりな考え方で結論を出して

第1章　表示に関する登記における筆界確認情報の取扱いに関する指針の解説　125

しまう可能性もありますから、申請人の方に後からご迷惑をかけることがないように、戸井首席が言われたような合議制といった慎重な対応もしておりました。

　ここでなぜこのことを話題にしたかというと、やはり第2と第3の筆界の認定に関係して、今、戸井首席が言われたとおり、事前の相談がなく申請に持ってこられて、これでは受け付けられないと返答する登記官と土地家屋調査士とのトラブルというのはやはり望んでいないわけです。登記官と土地家屋調査士との連携や協議は大事にしていくべきだと考えていますので、ここで改めて取り上げさせていただきました。

筆界確認情報への押印と印鑑証明書

田中　それでは、第4の印鑑証明書の項目のところ、ここは押印と印鑑証明書の取扱い、押印見直しの流れを受けて筆界確認情報の押印についてもある一定の整理をしようとしたものです。

　ここは土地家屋調査士の皆様方にも影響があると思いますので、現場の第一線での影響というのをどのように捉えておられるか、内野先生いかがでしょうか。

内野　印鑑証明書の添付等の話ですけれども、今までは地域によって、印鑑証明書の添付をする、しない、その取扱いが相違することがあって、円滑な登記事務の処理に少なからず影響を及ぼしていたのかなと思いますが、本指針により統一的な取扱いがされることによってこの問題が解決されることになって、大変有意義なことだと思っています。

　影響について、私個人のことで地域的なこともあると思いますが、印鑑証明書の添付を原則求めないとすることについては特に影響はありません。

　筆界関係登記の添付情報として提供する筆界確認情報の作成にあたっては、印鑑証明書の添付は以前から行ってはおらず、記名押印又は署名押印による筆界確認情報を作成していたわけですが、この方法によることを変えるというつもりは今のところありません。署名のみの場合であっても記

名押印の場合であっても、本人であることを確認して、確認したことを93
条報告書に記載して報告することに変わりはないものと理解していますの
で、現時点では、証明者が押印はしたくないという場合に限って署名のみ
の筆界確認情報を作成するということを考えています。

　一方、これまで印鑑証明書を添付することを推奨していたような地域に
おいては、印鑑証明書の添付の要否について、添付する、またはしないこ
ととする場合にも、土地家屋調査士は依頼者とあらかじめ協議をする必要
があるのかと思います。そうすることによって、後々のトラブルとならな
いように留意する必要があると考えています。

新井　遺産分割協議書を添付して相続による所有権移転の登記を申請する場
合には、法令上の根拠はないものの、当該協議書の信憑性を担保するた
め、当該遺産分割協議書の一部として、協議者全員の印鑑証明書を添付す
べきこととされています（昭和30年4月23日民事甲第742号民事局長通達）。
この登記実務の取扱いの合理性は、民事訴訟手続における証拠の取扱い、
特に書証の成立に関する取扱いが参考になると考えられます。民事訴訟手
続においては、私文書は、証拠となるため（証拠能力を有するため）には、
その成立が真正であることを証明しなければならない（民事訴訟法228条1
項）のですが、その方法として、文書の成立の真否は印影の対照によって
も証明することができる（同法229条1項）とし、また、私文書は本人の押
印があるときは真正に成立したものと推定すると規定しています（同法
228条4項）。したがって、筆界確認書について、その成立を証明するため
に、その作成者の実印を押印した上、印鑑証明書を添付することになるの
です。

　次に、印鑑証明書の成立を証明しなければならないのですが、民事訴訟
法に、公文書はその方式及び趣旨により公務員が職務上作成したものと認
めるべきときは真正に成立した公文書と推定する（同法228条2項）と規定
し、文書証明の打切り制度を設けたのです。

　そこで、登記所では、筆界確認書に押印された印鑑の印影と、印鑑証明
書上のそれとが一致していることを確認すれば、市区町村が作成した印鑑

証明書の成立は法律で推定されていますから、当該筆界確認書が作成名義人の作成に係るもの、すなわち、作成名義人の意思に基づく内容の文書として取り扱うことができることになります。登記所にとっては、極めて便利な取扱い方法ということができます。

近年、カラーコピーやパソコンの普及によって、簡単に印鑑証明書を複製することが可能になっていることに加えて、各種事務のデジタル化基調の下で、印鑑証明書を私人である第三者に手交することに抵抗が強くなっているなかで、隣人の登記申請のために、なぜ市区町村から印鑑証明書の交付を受けてこれを渡さなければならないのかということで、国民の理解を得ることは難しい時代ではないのか、筆界関係登記手続のなかで、隣接地所有者から印鑑証明書の提供を受けるという取扱いは、20世紀の発想であって、今日においては基本的にはないのではないか、と私は思っております。

指針運用にあたっての留意事項

田中　それでは、第5に移ります。ここは留意事項で本筋ではないと思われがちですけれども、結構重要かなと思って書いたところで、立会い、実地調査、93条報告書について改めて言及したものです。

新たに指針が出たことで筆界確認情報の提供を要しないなら立会いも省略してよいのではないか、土地家屋調査士は仕事が減るのだから安くしてほしいと言われるようなことがないか、というような意見がありました。なるほど、そういった視点もあるのかと思いました。当然そのようなことは考えていなかったですし、指針ができたからといって実際にその仕事の手数が減るわけではないでしょうから、どこかで明らかにしておきたいということがありまして、これを入れたらいかがでしょうかということで提案して今に至るというところです。

境界標の話であったりとか、この3つを特出して留意事項として挙げたことについて、戸井首席からどのようにお感じになったか、ご感想をお聞かせいただけないでしょうか。

戸井 まず、留意事項のところで、立会いの関係が述べられているところがあります。これはまさに先ほど議論になった、座標値があって、現地に境界標がないような場合とか、そういった場合が一番典型例だとは思うのですけれども、非常に細かく、数ミリ単位で争いになる可能性があるような場合においては、やはり筆界確認情報を作成する必要はないけれども、地権者の認識として、一定の点を認識していただくというのは非常に重要なことで、そういった意味で立会いというのは必要にはなると思っています。ですから、筆界確認情報の作成イコール立会いということではなくて、やはり立会いは立会いとして当然認識を持っていただくというのが必要であって、ただ、筆界確認情報を作成するまでもないですよねというようなことになると思います。

　　ここでやはり93条報告書というのが非常に重要なツールになってくるわけで、実際に土地家屋調査士の方々が地権者の方と立会いをして、そこの立会いの状況はこうでしたというような、本人確認も含めて、立会いの状況というのを93条報告書に書いていただくことが、登記官としては、筆界認定の1つの重要な資料となり得ると考えています。ですので、立会いは基本やっておくべきだと思っていますし、あと実地調査についても、登記官というのは実地調査権を持っているわけですから、そこは、書面上、疑問があるとすれば、その疑問というのは現地を確認して解決していくというふうに考えていかなければならないと思います。

　　今、土地家屋調査士の方々が、93条報告書が非常に重要であるという認識をお持ちというところも聞いていますので、これから93条報告書の内容が更に充実し、登記官としてもその辺りをよく読んで判断をしていくというふうになればいいなと思っています。土地家屋調査士の先生方、どうぞよろしくお願いします。

田中 では、同じ話題で内野先生いかがでしょうか。

内野 この3点の特出しについてということですけれども、解説①の立会いについては、今初めて背景を伺って、そうなのだと理解をしたところです。解説①の本文の記載については、筆界の位置を調査するための立会い

第1章　表示に関する登記における筆界確認情報の取扱いに関する指針の解説　129

についての整理というのは、本指針の示すとおりだろうと思います。解説にある隣地所有者が判明する場合の記述も妥当だろうと思っています。

解説②の境界標を新たに設置する場合の記述、これについてはもっともな内容ではあると思うのですけれども、私としては、本指針が登記事務の取扱いに関する指針であることからすると少々違和感があるというのは否めません。内容に云々言っているわけではないのですが、ここで出てくるのは不思議かなという感じはいたしました。

最後の解説③ですが、境界標が移動していると思われる場合の記述についても、内容は当然のことだと思いますが、あえてここで言うのかなということも感じています。

あと実地調査についてですけれども、本指針によって実地調査の要否の判断が従前と変わらないことは当然のことと思います。平成23年度に発出された実地調査に関する指針においては、93条報告書の内容についても、実地調査の要否を判断する資料であると明記されています。今回の指針の内容に従った報告を当然93条報告書に書くことになると思いますので、土地家屋調査士としてはしっかりと報告することが大切であって、特段、今までと何か変わるという認識は持っていません。

93条報告書については、本指針の取扱いに基づくものに限らずに、土地家屋調査士がどのような調査を行って、どのように検証して、どのような根拠に基づいて筆界の位置を判断して申請に及んだのかということは、93条報告書に記載して報告しなければ、他の添付情報からだけでは当然、登記官は知ることができないと思いますので、必要な情報を正確、簡潔に記載して報告することが求められると思います。そうすることによって、登記の事務が円滑に処理され、ひいては依頼者の利益になると考えています。

田中　なかなか鋭いご指摘です。実を言いますと、解説の②と③のところは結構議論がありまして、土地家屋調査士の先生方からも意見をいただいたところです。違和感があると言われると、なるほどそうかもしれない、と思いながらも、実は登記官の側から見れば、立会いや確認があった、な

かったといった、土地所有者の方からの苦情などのトラブルに直面している現場での実際の話もあって、このような形になっています。

それから、解説とフローチャートの話ですけれども、実は指針を作っていくときに、これはなかなか難しい内容で、解説を書かないとなかなかわからず、特に若手の法務局職員は、どこからたどっていったらいいかわからないのではないかという意見が出て、解説とフローチャートを入れました。フローチャートだけで判断してはいけませんが、参考資料として使ってもらえればいいと思っています。

このようにして、法務省、法務局、土地家屋調査士の三者の検討を経て、指針に解説とフローチャートをつけることになったわけですが、これらをつけたことについて新井先生は第三者的な立場からどう思われるでしょうか。

新井 フローチャートを付した登記先例はこれまでないのではないでしょうか。今回の通達は、それほど複雑な仕組みだということもあるのでしょうが、今日はビジュアル化の時代ですので、時代の要請に即した試みだと考えています。

私は、パソコンやスマホを買うと、併せてその取扱いに関する解説本を買うのですが、解説本を見ても理解できないのです。解説書の解説がほしいという感じだったのですが、最近はユーチューブを見るとものすごくわかりやすいということを知りました。

それで、表示に関する登記手続のなかで思い出されるのが、表示登記教材の「建物認定」及び「地目認定」という写真集です。

地目の定義は、不登準則で明らかにされているのですが、地目の定義をより明確にしたものが「地目認定」と題する表示登記教材でした。この図書によって、全国の登記官における地目の概念が統一され、また、土地家屋調査士の先生方も、この図書に基づいて依頼者に説明することができることから、これ以降は、地目に関するトラブルはほとんど発生していないのではないか、と思っています。

そこで、今回の通達発出を機会に、法務省・法務局や土地家屋調査士会

第1章　表示に関する登記における筆界確認情報の取扱いに関する指針の解説　131

が組織を挙げて、地図、実測図とともに写真を盛り込んだ、筆界認定に関する事例集のような図書の作成を検討していただければ、と思っています。これによって、登記所における筆界関係登記の適正・迅速化や土地家屋調査士の先生方の依頼者や隣接地所有者への説明に利用できるのではないか、さらには地籍調査事業における一筆地調査の適正化にも資することが期待できるのではないかと思っています。作成するのは大変かもしれませんけれども。

田中　確かに新井先生が言われるとおりで、視覚的、ビジュアル的にわかるものというのは確かにいいと私も思います。ただ、法務省だけでできるかというと、これはなかなか難しい話なので、検討するにあたっても日調連の協力を得ながらという、そういったお話になりますので、また引き続き考えたいと思います。

　　それでは、この解説とフローチャート、今の新井先生のお話を含めて、岡田会長からコメントいただけませんか。

岡田　解説とフローチャートに関しましては、今、新井先生もおっしゃっていただいたとおりで、類型の整理も可能でございますし、とても的を射ていて理解しやすいと感じております。このことを日調連といたしましては、会員へきちんと周知をし、理解をするように、共有する方策を実行したいと考えているところです。その一環といたしまして、令和4年5月16日には田中地図企画官をはじめ担当官においでいただいて、全国の土地家屋調査士会の業務担当役員や各地の法務局と協議していただく方々に集まっていただいて、リモートでポイントを整理したような会議も行いました。このようなことを踏まえて、実例と実績を積み重ねることによってブラッシュアップしていきたいなと考えているところです。

　　それから、ビジュアル的なことに関しましては、確かにご提言いただいたとおりなのですが、この建物認定あるいは地目認定ほどのたくさんの事例を今すぐに集めることはなかなか全国的にも難しいかとも思っているところです。おっしゃるように、様々な事例がございますので、それらを積み重ねながら類型も分類しつつ検討できたらと考えています。

指針を踏まえた今後の実務の姿

田中 今後の運用について、9月中に準備をして、10月からは、全国そろって スタートと予定（座談会開催時点）しているのですけれども、この運用 が始まったときに土地家屋調査士としてどのような視点で進めていくべき かという、今までもいろいろな先生方にお話しいただいたと思うのですけ れども、鈴木副会長から運用にあたってということでまとめて発言いただ けないでしょうか。

鈴木 皆さんが今までにお話しいただいたことの繰返しになってしまいます が、私から2つ述べさせていただきたいと思います。

1つ目は、登記官と土地家屋調査士が認識を共有することです。

やはりオンライン申請ができるようになって申請は大変便利になりまし たけれども、一方で土地家屋調査士が登記所に出向く機会というのはどん どん減少していって、今、登記所職員と土地家屋調査士が対面でコミュニ ケーションを取る機会というのは非常に減少しています。

今回の感染症の拡大でなお一層、その傾向は強くなっていまして、先ほ ど内野さんが言われたように、事前の照会は、事前に書類を送ってそれで 回答が来るという状態になっていまして、なかなか土地家屋調査士と登記 官が認識を共有することが今できてないのではないのかという部分があり ます。それを補完するものの1つが今回の指針ではないのかと思っていま す。

この指針で1つの基準ができたことによって、指針が議論のスタートラ インになって、指針ではこういうふうに書いてあるが、今回の案件ではこ ういうふうに筆界を決めていきたいというような話を登記官、土地家屋調 査士とで行っていけたら、と考えています。そのための基準書としての役 割を指針に期待します。

2つ目は、これも先ほど戸井首席からも話がございましたけれども、93 条報告書についてです。現在でも当然に筆界確認情報というのは法定添付 書類でもなければ、必ずつけなくてはいけないものでもなく、筆界の参考

第1章　表示に関する登記における筆界確認情報の取扱いに関する指針の解説　133

になるためにつけているものです。もしこれをつけてない場合でも調査報告書を充実させることによって、今まで登記が受理されているという実績もあります。今後、この指針を運用していくためには、土地家屋調査士が作成する調査報告書が果たす役割が非常に重要となります。これは「筆界を明らかにする」という私たち土地家屋調査士の使命に直結しており、登記官に言われるまでもなく、土地家屋調査士が自ら調査報告書の内容をどんどん充実させていきたいと考えています。今回、指針が出されたことによって、土地家屋調査士の調査能力が今後試されていきますが、これに取り組むことによって私たちの地位も向上してくる部分もあると考えています。

田中 それでは、審査する登記官の側として、戸井首席から運用にあたってのまとめの発言をお願いできませんか。

戸井 大阪法務局では、取扱い基準の改正のたたき台ができまして、それを今単位会と協議しているところです。実際の運用開始というのは10月1日を目途に今調整をしているというところではあります（座談会開催時点）。

　指針について言いますと、フローチャートも含めて全体がよくできていて、的を射ていますが、先ほど鈴木副会長がおっしゃっていたように、おそらく例外的な面、この指針の内容に当てはまらないけれども、筆界認定ができる事案というのもおそらく出てくると思います。そういったところというのは、登記官としては、この指針を基本としつつも、やはり柔軟な発想で、筆界がどこにあるのか探求していくという姿勢で臨むのが必要になってくると思っています。

　指針や指針に基づいた各局の取扱い基準というのがやはり表示登記のバイブル的なものになり、登記官はこれをベースに知識も得て表示登記の経験を積んでいきますが、おそらくそれだけではなかなか解決できない困難な事案にぶつかるときもあると思います。そのようなときにはこれまで得た知識と経験を基に土地家屋調査士の先生と知恵を出し合って事案を解決していくことが必要となりますので、こうした姿勢も今後必要ではないかと思っています。

田中 それでは、最後に全体のまとめとして、岡田会長と藤田課長から一言ずつお願いしたいと思います。

岡田 今般の表示に関する登記における筆界確認情報の取扱いに関する指針につきましては、表示に関する登記と依頼者のニーズをつなぐかけ橋としての活用ができ続けるように、全国の単位会あるいは会員に周知をしていくつもりです。

折しも令和4年度の連合会の事業の基本方針といたしましては、「新たな制度環境の共有」というものを掲げております。表示に関する登記の制度の歴史と情報を共有することにより、意識の共有につなげ、さらには行動の共有へと進め、国民の皆さんとの未来の共有につなげることができると考えています。まさに、今回の指針でもって未来も共有できるように、日調連といたしましても鋭意努力するつもりです。

また、先ほど鈴木副会長からも発言がありましたが、今後は私たちが作成をする93条報告書の持つ有用性、そして重要性がますます大きくなってくるものと理解しています。まさに私たちの生命線と捉えて、今後とも大切にしていくつもりですので、どうぞよろしくお願いしたいと思います。

藤田 本日は貴重なご議論をありがとうございました。今回の指針について、多くの実務的なポイントのご指摘をいただきました。

今回の指針については、国民の皆さんや関係団体から新しい運用ということで多くの期待の声が寄せられていますけれども、本日ご議論があったとおり、指針の内容については現場や実務家にいろいろな受け止めがある状況であり、今後、指針の内容を正しく理解して運用することは、決して簡単ではないと思っています。その点を改めて自覚しましたし、今後の運用の開始と定着までに、土地家屋調査士の先生方、また法務局の現場とも知恵を絞って、あるべき運用についてしっかり議論していかなければいけないと思います。

本日は、実務の諸先輩から、現在の実務に至るまでの経緯についてもご指摘をいただきましたが、今回の指針の検討は、これまでの運用に立ち返って、改めるべきところは改善し、あるべき実務をしっかり考えるよい

機会でもあると思っています。

　最後にもう1つ、今回の指針を契機に、表示登記そのもの、または表示登記の実務について、やりがいを感じる、魅力が広がるきっかけになれば、と願っているところです。

　本日の筆界認定の問題の背景にある隣地所有者不明土地問題の他にも、登記所備付地図整備の課題など、表示登記については課題が山積している状況です。そういったなかで、多くの実務家、特に若手の土地家屋調査士あるいは法務局職員にも表示登記のあるべき姿についてしっかり意識を持って取り組んでもらいたい、とかねて思っています。登記実務の適正な運用に向けては、専門家と法務局で力を合わせて進めていくことが重要と思っておりますので、引き続き各方面のお力添えをお願いできればと思います。

田中　ありがとうございました。話題は尽きませんけれども、時間がまいりました。皆様、本日はいろいろな観点から有益なご発言ありがとうございました。

第2章

関 連 資 料

（平成23年3月23日付け法務省民二第728号通知）

表示に関する登記における
実地調査に関する指針

（凡例）
法＝不動産登記法（平成16年法律第123号）
令＝不動産登記令（平成16年政令第379号）
規則＝不動産登記規則（平成17年法務省令第18号）
準則＝不動産登記事務取扱手続準則（平成17年2月25日法務省民二第456号民事局長通達）

第1　総　　論

1　目　　的

　　実地調査は、不動産の物理的現況を正確に公示することを目的とする表示に関する登記を行うに当たって登記官が行使すべき実質審査権の最も重要かつ基本的な行使の形態である（法第29条及び規則第93条本文）。したがって、その適正な実施は、表示に関する登記の正確性を確保するために必要不可欠なものである。

　　一方で、近年の登記所の統廃合の進捗による管轄面積の拡大、効率的な行政運営の必要性の一層の高まり、筆界特定制度の円滑な運営のための体制の整備等の表示登記制度を取り巻く諸情勢がある。

　　このため、本指針は、表示に関する登記の正確性を確保する手段である実地調査の重要性を十分に踏まえつつ、表示に関する登記事件の処理を全体として効率的かつ効果的に行うため、実地調査の実施の判断に関する基準について指針を示すとともに、実地調査を実施する上での留意点を示すことを目的とする。

2　実地調査の実施の判断

　　登記官は、表示に関する登記の申請又は地図等の訂正の申出（以下これ

らを「申請等」と総称する。）のあった事件につき、申請情報、添付情報及び登記官が登記所内外で収集した資料（法第14条第1項の地図、地積測量図等を含む。以下同じ。）等を総合的に勘案して実地調査の実施を判断すべきである（※1）。

その際、事件の種類、申請人等から提供された情報及び登記官が職務上知り得た事実等、申請等の内容が真正であると判断することができる要素を踏まえて、実地調査を実施すべきかを判断するものとし、全体として適正な事件処理を行う。

具体的には、土地家屋調査士又は土地家屋調査士法人（以下これらを「調査士 等」と総称する。）を代理人として申請等がされた場合であって、申請等に係る不動産の現況、調査士等の判断及びその根拠等に係る事項が必要かつ十分に記録された規則第93条ただし書に規定する調査に関する報告書（以下「調査報告書」という。）が登記所に提供された場合において、当該調査報告書と、それ以外に登記所に提供された情報及び登記官が登記所内外で収集した資料等によって職務上知り得た事実とを併せ考慮することによって、登記官が申請等の内容が真正であると判断することができるときに限って、実地調査を要しないと判断することができるものとする（登記の種類別の判断基準については、第3を参照）（※2、※3）。

※1　添付情報により申請等の内容が真正であることを確認することができる以下の類型の登記については、実地調査を要しないものとして取り扱って差し支えない。
　(1)　土地に関する登記
　　ア　所在の変更又は更正の登記
　　イ　表題部所有者の氏名若しくは名称又は住所についての変更又は更正の登記
　(2)　建物に関する登記
　　ア　敷地権に関する建物表題部の変更又は更正の登記
　　イ　共用部分又は団地共用部分に関する登記
　　ウ　表題部所有者の氏名若しくは名称又は住所についての変更又は更正の登記
※2　ここでいう調査報告書は、平成19年2月19日付け民二第407号通知の様式によるものとする。

第2章　関連資料　139

※3　官公署による嘱託の場合であって、嘱託に係る不動産の現況、官公署の判断及びその根拠等に係る必要かつ十分な情報（調査報告書に記録されるべき情報と同程度のもの）が登記所に提供された場合については、本文記載の場合と同様に、当該情報と、それ以外に登記所に提供された情報及び登記官が登記所内外で収集した資料等によって職務上知り得た事実とを併せ考慮することによって、登記官が嘱託の内容が真正であると判断することができるときに限って、実地調査を要しないと判断することができるものとする。

第2　実地調査

1　登記官による判断

　　実地調査の実施の判断は、登記官が自ら行うものとし、実地調査を要しないと判断したものについては、その理由を具体的に、明らかにしておくものとする（※）。

　　※　実地調査を要しないと判断した理由については、別紙実地調査省略理由書又はこれと同程度の内容を記載することとした様式に具体的に記載し、申請情報等と共に保管しなければならない。

2　実地調査の通知及び連絡調整等

（1）　登記官は、実地調査を行う場合においては、立会いを求めるべき者に対し、事案の内容に応じて、立会日時及び立会いを求める旨その他必要な事項を立会依頼書に記載してこれを事前に送付する方法又はこれらの事項を電話その他適宜の方法によって事前に連絡をする方法のいずれかにより通知するものとする（※）。

　　※　立会依頼書の様式は、各局の実地調査要領で定める様式を使用して差し支えない。

（2）　登記官は、実地調査を行うに当たっては、必要に応じ、関係官署と緊密な連絡を取り、意見の聴取又は資料の提供若しくは立会いの要請等の措置を講ずるものとする。

3 実地調査簿への記載

　登記官は、実地調査を行う場合には、あらかじめ実地調査簿に必要な事項を記載しなければならない（※）。

　　※　実地調査簿の様式は、各局の実地調査要領で定める様式を使用して差し支えない。

4 事前調査

(1)　登記官は、実地調査を行うに当たっては、あらかじめ、法定の添付情報のほか、登記記録、地図等の登記所に保管されている資料等に基づき、対象となる不動産の所在、位置、形状、隣接地又は隣接の建物等について、必要な調査を行うものとする。

(2)　登記官は、実地調査を行うに当たっては、あらかじめ準則第62条第2項の規定による実地調査書（準則別記第58号様式）又はこれに準ずる様式に、「不動産所在事項」及び「受付（立件）年月日・番号」を記載するほか、「調査を要する事項」を簡潔かつ具体的に記載して明らかにするものとする。

5 登記所の職員に実地調査を代行させる場合の事前確認・指示

(1)　登記官は、当該職員が申請等に関して法第10条に定める除斥事由と同様の関係を有しないことを確認しなければならない。

(2)　登記官は、当該職員に身分証明書を常に携帯させ、関係人の請求がある場合にこれを提示するよう指示するものとする。

6 実地調査における留意点

(1)　実地調査担当者は、実地調査を行うに当たっては、まず、現地において対象となる不動産を特定した上で、4の(2)により実地調査書上に明確にされた「調査を要する事項」の内容等に応じて、目視により単に申請等に係る事項と現況が明らかに反していないかどうかを調査するだけで

第2章　関連資料　141

はなく、トータルステーション、簡易型レーザー距離測定器、鋼巻き尺等を用いた測量、計測等を行い、申請等に係る事項が現況と符合しているかどうかを調査しなければならない。

(2) 実地調査担当者は、実地調査を行うに当たっては、「調査を要する事項」の内容等に応じて、対象となる不動産の現況又は境界標等の埋設状況を写真撮影するとともに、立ち会った関係人の供述を記録する等して、証拠の作成・保存に努めなければならない（※）。

　※　写真撮影等に当たっては、申請人等の了解を得るなどしてプライバシーに十分配慮するものとする。

7　実地調査拒否等に対する措置

(1) 登記官は、実地調査を拒否される等の理由により、実地調査を行うことが困難であると判断した場合には、これを中止し、必要に応じて所属長にその旨の報告をするものとする。

(2) 登記官は、登記所の職員に実地調査を代行させた場合において、当該実地調査を代行した者から、実地調査を拒否される等の理由によりその代行が困難であるとの報告を受けた場合には、直ちにその代行を中止させるとともに、必要に応じて所属長にその旨を報告し、更に実地調査を継続するかどうかを判断するものとする。

(3) 報告を受けた所属長は、速やかに報告に係る事実を調査し、申請情報及び添付情報の写しを添えて、その結果を所属する法務局又は地方法務局の長に報告するとともに、実地調査の拒否が法第162条（検査妨害罪）の構成要件に該当すると思われる場合には、所轄の警察署に告発をするものとする。

8　実地調査完了後の措置

(1) 実地調査担当者は、実地調査を行った後速やかに、実地調査書に「調査を要する事項」ごとに調査の方法及びその結果を具体的に記載するものとする（※）。

※　「調査を要する事項」に係る調査結果の記載は、撮影した写真等を用いて行って差し支えない。

(2)　登記官は、実地調査を行った後速やかに、実地調査簿に所要の事項を記載するものとする。

9　申請等の取下げ又は却下の場合における取扱い

(1)　登記官は、実地調査を行った後、申請等の取下げ又は却下があった場合には、添付書面の還付に先立って、調査報告書の写しを作成するものとする。

(2)　登記官は、実地調査簿に申請等の取下げ又は却下があった旨を記載するとともに、取下書又は却下した申請に係る申請情報と共に、実地調査書及び調査報告書の写しを申請書類つづり込み帳又は職権表示登記等書類つづり込み帳につづり込むものとする（※）。

※　実地調査書及び調査報告書（写し）は、検索等の便宜のため、申請書類つづり込み帳又は職権表示登記等書類つづり込み帳の別冊として、別途保管しても差し支えない。

10　登記監査による積極的な実地調査の促進

法務局又は地方法務局で実施する不動産登記に係る監査においては、「表示に関する登記のうち実地調査を実施していないものについて、本指針に照らして正当な理由があるか」との観点からの監査事項を盛り込み、当該監査を実施した結果、実地調査を実施しないことにつき正当な理由がない事案があった場合には、同様の事案について積極的な実地調査を行うよう指導するものとする。

第3　登記の種類別の実地調査実施の判断基準

実地調査の実施の判断は、第1の2に定められた基準のとおりに行うものとするが、このときの「当該調査報告書と、それ以外に登記所に提供された情報及び登記官が登記所内外で収集した資料等によって職務上知り得た事実

第2章　関連資料　143

とを併せ考慮することによって、登記官が申請等の内容が真正であると判断することができるとき」といえるためには、少なくとも以下の1及び2に掲げられた登記の種類別に定められたそれぞれの要件を満たしたものでなければならない（※）。

　なお、表題登記がない不動産についてする所有権保存の登記（法第75条）又は所有権の処分の制限の登記（法第76条第3項）をするときにおける表題登記については、当該登記が完了した後に遅滞なく、全て実地調査を実施するものとする。

　　※　①表題部所有者についての更正又は表題部所有者である共有者の持分についての更正の登記、②合筆の登記、③建物の分割、区分又は合併の登記については、第1の2に定められた基準のとおりに実地調査の実施を判断することになるため、以下の1及び2に掲げていない。

1　土地の表示に関する登記

（1）　表題登記

　　該当土地の所在、地目及び地積が明らかとなる官公署の証明書が提供されており、かつ、表題登記に伴って提供される土地所在図及び地積測量図の内容が登記所に備え付けられた法第14条第1項の地図（これと同等の精度を有する同条第4項の地図に準ずる図面を含む。以下同じ。）と整合していること。

（2）　地目の変更又は更正の登記

　　次のア又はイの場合のいずれかに該当すること。ただし、農地からの地目の変更又は更正の登記の申請等については、農地に該当しない旨又は農地の転用許可があったことを証する官公署の証明書が提供されている場合に限る。

ア　宅地への地目の変更又は更正の登記の申請等であって、該当土地を建物の敷地等とする建物の表題登記がされている場合又は当該建物の建築に関する官公署若しくは指定確認検査機関の証明書が提供されている場合

イ　調査報告書において、写真が貼り付けられ、当該写真が現地を示したものであると確実に判断することができる資料が提供されている場合（例えば、当該写真中に住宅地図や地形図に照らして合致する画像が提供されている場合等）

(3)　分筆の登記

次のア及びイの要件のいずれにも該当すること。

ア　提供された地積測量図の内容が、申請等に係る土地につき登記所に備え付けられている法第14条第1項の地図又は現地を復元することができる地積測量図若しくは筆界特定図面と整合していること。

イ　調査報告書において、地積測量図に記録された分筆線が申請人の意思に合致したものであることが分かる記録がされており、かつ、当該分筆線の現地における位置を示したものであると確実に判断することができる写真が添付されていること。

(4)　地積に関する変更又は更正の登記

次のア又はイの要件のいずれかに該当すること。

ア　地積の計算誤りの場合等の新たに測量した地積測量図の提供を要しない場合であること。

イ　提供された地積測量図の内容が、申請等に係る土地につき登記所に備え付けられている現地復元性のある地積測量図又は筆界特定図面と整合していること。

(5)　土地の滅失の登記

該当土地が滅失したことが明らかとなる官公署の証明書が提供されていること。

2　建物の表示に関する登記

(1)　表題登記（区分建物を含む。）

調査報告書において、該当建物に関する写真が貼り付けられ、当該写真により該当建物の外観及び内部を確認することができる場合であって、次のア又はイの証明書のいずれかが提供されていること。

ア　該当建物の所在、種類、構造及び床面積並びに所有者が明らかとな
　　　る官公署又は指定確認検査機関の証明書
　　イ　該当建物の所在、種類、構造及び床面積並びに所有者が明らかとな
　　　る建築請負人の証明書
(2)　建物の表題部（表題部所有者に係る事項を除く。）の変更又は更正の登
　　記
　　　調査報告書において、該当建物に関する写真が貼り付けられ、当該写
　　真により該当建物の外観及び内部を確認することができる場合であっ
　　て、次のア又はイの証明書のいずれかが提供されていること。
　　ア　該当建物の表題部の変更後又は更正後の事項が明らかとなる官公署
　　　又は指定確認検査機関の証明書
　　イ　該当建物の表題部の変更後又は更正後の事項が明らかとなる建築請
　　　負人の証明書
(3)　合体による登記等
　　　調査報告書において、該当建物に関する写真が貼り付けられ、当該写
　　真により該当建物の外観及び内部を確認することができる場合であっ
　　て、次のア又はイの証明書のいずれかが提供されていること。
　　ア　合体後の建物の所在、種類、構造及び床面積並びに所有者が明らか
　　　となる官公署又は指定確認検査機関の証明書
　　イ　合体後の建物の所在、種類、構造及び床面積並びに所有者が明らか
　　　となる建築請負人の証明書
(4)　建物の滅失の登記
　　　次のアからウまでの場合のいずれかに該当すること。
　　ア　該当建物が滅失したことが明らかとなる官公署の証明書が提供され
　　　ている場合
　　イ　該当建物が存した同一の箇所に異なる建物が新築されていることが
　　　明らかな場合
　　ウ　第三者の権利に関する登記がされていない場合（第三者の権利に関
　　　する登記がされている場合において、当該権利が消滅していることが明ら

かとなる資料が提供されているときを含む。）において、次の㋐又は㋑の
要件のいずれかに該当するとき。

㋐　該当建物を取り壊したことについての解体業者等の証明書が提供
　　されていること。

㋑　調査報告書において、写真が貼り付けられ、当該写真が該当建物
　　が滅失した後の現地を示したものであると確実に判断することがで
　　きる資料が提供されていること。

別紙

実地調査省略理由書

〇〇地方法務局〇〇支局　登記官〇〇〇〇

申請年月日	平成23年〇月〇日
受付番号	第〇〇号
登記の種類	分筆登記
省略理由	添付情報　調査報告書　地積測量図 （記載例） 　申請に係る土地は、法第14条第1項の地図が備え付けられている地域にあり、本件申請の添付情報である地積測量図の筆界点座標値は、地図の筆界点座標値の誤差の範囲内にあった。 　また、調査報告書の〇〇の記載から、地積測量図に記録された分筆線は、申請人の申請意思に合致するものであることが認められるとともに、調査報告書添付の写真から、分筆した各筆界点に境界標が埋設されていることが認められ、地積測量図の記録とも合致していると認められる。 　このため、実地調査により分筆線を含む各筆界点の座標値を確認する必要はないものと判断した。

（平成28年1月8日付け法務省民二第4号回答、第5号依命通知）

不動産登記規則第93条ただし書に規定する
不動産の調査に関する報告に係る
報告書の様式

不動産登記規則第93条ただし書	不 動 産 調 査 報 告 書	土地

以下のとおり調査をしたので、その結果を報告します。

平成　　年　　月　　日

報告書No.＿＿＿＿＿＿＿＿＿

土地家屋調査士会所属
登録No.＿＿＿＿＿＿＿＿＿

電話番号

土地家屋調査士　　　　　　電子署名又は職印

01 登記の目的

申請番号	事件名						
	□表題　　□分筆　　□合筆　　□所在 □地積測量図訂正　　□土地所在図訂正	□地目　　□地積 □その他（　　）	□地図訂正 　　　　）	□変更 □更正
	□表題　　□分筆　　□合筆　　□所在 □地積測量図訂正　　□土地所在図訂正	□地目　　□地積 □その他（　　）	□地図訂正 　　　　）	□変更 □更正

02 調査した土地　（表題登記以外は，申請前の状況を記載すること。）

申請番号	所　在	地番	地目	地積 ㎡	第三者の権利の有無	利用状況	地積測量図の有無
					□有 □無		□有 □無
					□有 □無		□有 □無
					□有 □無		□有 □無
					□有 □無		□有 □無

03 所有権登記名義人等

地　番	所有権登記名義人（□立会人）	
	住所 （登記記録と異なる場合）	
	氏名	
	本人確認方法	□運転免許証　□個人番号カード　□面識有り　□その他（　　　　）
	持分	□単有　□共有（持分　　　　）
	連絡先（電話番号等）	
	立会人	
	住所	
	氏名	
	本人確認方法	□運転免許証　□個人番号カード　□面識有り　□その他（　　　　）
	所有権登記名義人との関係	□親族（　　　　）□管理者（　　　　）□代表者　□その他（　　　　）
	連絡先（電話番号等）	
	立会・確認状況等	平成　年　月　日　立会・確認

第2章　関連資料　149

地 番		所有権登記名義人（□立会人）			
	住所 （登記記録と異なる場合）				
	氏名				
	本人確認方法	□運転免許証　□個人番号カード　□面識有り　□その他（　　　　　）			
	持分	□単有　□共有（持分　　　　　）			
	連絡先（電話番号等）				
	立会人				
	住所				
	氏名				
	本人確認方法	□運転免許証　□個人番号カード　□面識有り　□その他（　　　　　）			
	所有権登記名義人との関係	□親族（　　　）　□管理者（　　　　　）□代表者　□その他（　　　　）			
	連絡先（電話番号等）				
	立会・確認状況等	平成　年　月　日　立会・確認			
地 番		所有権登記名義人（□立会人）			
	住所 （登記記録と異なる場合）				
	氏名				
	本人確認方法	□運転免許証　□個人番号カード　□面識有り　□その他（　　　　　）			
	持分	□単有　□共有（持分　　　　　）			
	連絡先（電話番号等）				
	立会人				
	住所				
	氏名				
	本人確認方法	□運転免許証　□個人番号カード　□面識有り　□その他（　　　　　）			
	所有権登記名義人との関係	□親族（　　　）　□管理者（　　　　　）□代表者　□その他（　　　　）			
	連絡先（電話番号等）				
	立会・確認状況等	平成　年　月　日　立会・確認			
地 番		所有権登記名義人（□立会人）			
	住所 （登記記録と異なる場合）				
	氏名				
	本人確認方法	□運転免許証　□個人番号カード　□面識有り　□その他（　　　　　）			
	持分	□単有　□共有（持分　　　　　）			
	連絡先（電話番号等）				
	立会人				
	住所				
	氏名				
	本人確認方法	□運転免許証　□個人番号カード　□面識有り　□その他（　　　　　）			
	所有権登記名義人との関係	□親族（　　　）　□管理者（　　　　　）□代表者　□その他（　　　　）			
	連絡先（電話番号等）				
	立会・確認状況等	平成　年　月　日　立会・確認			

04　登記原因及びその日付

申請番号	地番	原因日付	原因	登記原因及びその日付の具体的判断理由

05	調査資料・証言・事実等		
資料等区分	資料等番号	資料等名	
登記所資料		□ 土地登記記録	
		□ 土地閉鎖登記記録・閉鎖登記簿	
		□ 建物登記記録	
		□ 建物閉鎖登記記録・閉鎖登記簿	
		□ 地図（　　　　　　）	
		□ 地図に準ずる図面（　　　　　　　　　　）	
		□ 閉鎖地図及び閉鎖地図に準ずる図面	
		□ 地積測量図・土地所在図	
		□ 筆界特定関係資料等	
		□ 旧土地台帳	
		□ 旧土地台帳附属地図（和紙公図）	
		□ 基準点成果	
		□ その他（　　　　　　　　　　）	
		□ その他（　　　　　　　　　　）	
官公署等資料		□ 台帳申告書写し	
		□ 地籍図等	
		□ 国土調査等関係資料	
		□ 道路台帳	
		□ 道路台帳附属地図	
		□ 道路境界確定図等	
		□ 法定外公共物確定協議書等	
		□ 公共用地払下げ図面等	
		□ 河川法の適用河川境界承認図等	
		□ 換地確定図	
		□ 戦災復興区画整理図	
		□ 空中写真	
		□ 農業委員会の許可書等	
		□ 基準点成果	
		□ その他（　　　　　　　　　　）	
		□ その他（　　　　　　　　　　）	
その他の事実等		□ 地形地物：段差・石垣・のり地・崖・沢・道路・水路・尾根・谷・その他	
		□ 工作物：境界標識・土留め・ブロック塀・コンクリート擁壁・その他	
		□ 筆界確認書，立会証明書等	
		□ 売渡図面	
		□ 承諾書	
		□ 証言（証言者　　　　　　　）	
		□ その他（　　　　　　　　　　）	
		□ その他（　　　　　　　　　　）	
原本確認結果			

06	資料・証言・事実等の分析		
資料等番号	地　番	分析手法，分析結果その他必要な事項	
		作成年月日	昭和〇年〇月〇日
		求積方法	□座標法　　□三斜法　　□その他（　　　　　　　）
		作成年月日	昭和〇年〇月〇日
		求積方法	□座標法　　□三斜法　　□その他（　　　　　　　）
		証言者	

07　現地の状況			□別紙のとおり	
点名	境界標		確認の状況	
		□新設 □既存 □復元 □入替え		
遠景		撮影年月日 備　　考	近景	撮影年月日 備　　考
点名	境界標		確認の状況	
		□新設 □既存 □復元 □入替え		
遠景		撮影年月日 備　　考	近景	撮影年月日 備　　考
点名	境界標		確認の状況	
		□新設 □既存 □復元 □入替え		
遠景		撮影年月日 備　　考	近景	撮影年月日 備　　考
点名	境界標		確認の状況	
		□新設 □既存 □復元 □入替え		
遠景		撮影年月日 備　　考	近景	撮影年月日 備　　考
その他 必要な事項				

08	地域区分・精度区分			
地域区分	□市街地地域 （甲2まで）	□村落・農耕地域 （乙1まで）	□山林・原野地域 （乙3まで）	
地図等の 精度区分	□甲1　□甲2　□甲3　□乙1　□乙2　□乙3　□なし			

09　筆界位置の計測

基 準 点 測 量 等

測地系	□世界測地系　　□変換パラメータ（　　　　　）　　　　□任意座標（　　　　　）		
使用機器	□TS　□GNSS　□その他（　　　　　　　　　　　　）		
観測方法	□放射　□結合　□閉合　□交会　□単回　□対回　□平均　□その他（　　）		
	□スタティック　□短縮スタティック　□RTK　□ネットワーク型RTK　□その他（　　）		
観測日	平成　年　月　日　　～　　平成　年　月　日		

使用した 基本三角点等	点　名	等級・種別	標　識

補助基準点	点　名	名称・種別	標　識

恒久的地物	点　名	名称・種別	地物の名称

遠 景		近 景	
撮影年月日 　備　　考		撮影年月日 　備　　考	

基本三角点等に基 づく測量ができな い理由	

一 筆 地 測 量

使用機器	□TS　□GNSS　□その他（　　　　　　　　　　　）					
観測日	平成　年　月　日　　～　　平成　年　月　日					

求積・誤差の許容 限度の検証	地　番	登記地積	実測面積	較　差	公　差	地積更正の要否
		㎡	㎡	㎡		
						□要　□否
						□要　□否

10 補足・特記事項

（※各欄における記録事項を補足すべき事項等を記録する。）

11 画像情報 　　　　　　　　　　□別紙のとおり

撮影年月日

備　　考

撮影年月日

備　　考

12 調査図（現地案内図等）　　　　□別紙のとおり

調査図番号（　　　　）　　　　タイトル

不動産登記規則第93条ただし書　　**不 動 産 調 査 報 告 書**　　**普通建物**

以下のとおり調査をしたので、その結果を報告します。

平成　　年　　月　　日

報告書No.＿＿＿＿＿＿＿＿

　　　土地家屋調査士会所属
登録No.＿＿＿＿＿＿＿＿

土地家屋調査士　　　　　　電子署名又は職印

電話番号

01　登記の目的		
申請番号	事件名	
	□表題　□滅失　□表題部(所在・種類・構造・床面積・附属建物)　□分割　□合併 □合体　□建物図面訂正　□各階平面図訂正　□その他(　　　　　　　　)	□変更 □更正
	□表題　□滅失　□表題部(所在・種類・構造・床面積・附属建物)　□分割　□合併 □合体　□建物図面訂正　□各階平面図訂正　□その他(　　　　　　　　)	□変更 □更正

02　調査した建物 (表題登記以外は、申請前の状況を記録すること。)								
申請番号	所在地番	家屋番号	主附の別及び符号	種類	構造	床面積　㎡	第三者の権利の有無	敷地の利用権限
							□有 □無	
							□有 □無	

03　所有権登記名義人等		
申請番号	所有権登記名義人等	
	住所 (登記記録と異なる場合)	
	氏名	
	本人確認方法	□運転免許証　□個人番号カード　□面識有り　□その他(　　　　)
	持分	□単有　□共有(持分　　　　)
	連絡先(電話番号等)	

04　登記原因及びその日付			
申請番号	原因日付	原因	登記原因及びその日付の具体的判断理由

05　調査資料・証言・事実等

資料等区分	資料等番号	資料等名
登記所資料		□ 土地登記記録
		□ 土地閉鎖登記記録・閉鎖登記簿
		□ 建物登記記録
		□ 建物閉鎖登記記録・閉鎖登記簿
		□ 地図（　　　　　　　）
		□ 地図に準ずる図面（　　　　　　　　）
		□ 閉鎖地図及び閉鎖地図に準ずる図面
		□ 地積測量図・土地所在図
		□ 建物図面・各階平面図
		□ 旧土地台帳
		□ 旧土地台帳附属地図（和紙公図）
		□ その他（　　　　　　　　　）
		□ その他（　　　　　　　　　）
官公署等資料		□ 建築確認済証
		□ 建築計画概要書
		□ 検査済証
		□ 固定資産課税台帳登録事項証明書
		□ 固定資産税納付証明書
		□ 家屋滅失証明書
		□ その他（　　　　　　　　　）
		□ その他（　　　　　　　　　）
その他の事実等		□ 工事完了引渡証明書等
		□ 建築請負契約書
		□ 領収書（　　　　　　　）
		□ 敷地所有者の証明書
		□ 売買契約書贈与契約書
		□ 相続証明書
		□ 持分確認書
		□ 下請工事
		□ 付帯工事
		□ 取壊証明書
		□ その他（　　　　　　　　）
		□ その他（　　　　　　　　）
		□ その他（　　　　　　　　）
原本結果確認		

06　資料・証言・事実等の分析

申請番号	資料等番号	調査項目	調査結果及び報告事項

07	現地の状況		□別紙のとおり	

調査項目				
申請番号				
申請敷地内の状況		調査結果		報告事項
未登記建物		□有　□無		
既登記建物		□有　□無		
種類・構造・所有者等				
注意点・問題点等 （必要に応じて，位置関係が明らかとなる図を添付）				

調査項目				
申請番号				
滅失建物の特定		調査結果		報告事項
所在地番変更		□有　□無		
増築・一部取壊し		□有　□無		
曳行移転		□有　□無		
種類・構造変更		□有　□無		
注意点・問題点等				

調査項目				
調査期間				
申請番号				
申請建物の状況（概要）		調査結果		報告事項
附属建物	主附の別及び符号			
	利用状況			
	位置			
	意思確認			
建物の認定	定着性	□有　□無		
	外気分断性	□有　□無		
	用途性・人貨滞留性	□有　□無		
	取引性	□有　□無		
	建物の完成度	□完成　□工事途中		
	注意点・問題点等			

申請建物の状況（詳細）			調査結果	報告事項
構造	種類			
	構成材料			
	屋根の種類			
	階数			
床面積の算定	吹抜		□有　□無	床面積　□算入　□不算入
	出窓		□有　□無	床面積　□算入　□不算入　　高さ1.5m　□以上　□未満 床面位置　□同一面　□非同一面
	階段室		□有　□無	床面積　□算入　□不算入
	ピロティ		□有　□無	床面積　□算入　□不算入　　外気分断性　□有　□無
	ベランダ等		□有　□無	床面積　□算入　□不算入　　外気分断性　□有　□無
	特殊階	ロフト	□有　□無	床面積　□不算入　（高さ1.5m未満）
		小屋裏	□有　□無	床面積　□不算入　（高さ1.5m未満）
		床下収納	□有　□無	床面積　□不算入　（高さ1.5m未満）
		その他（　　　）	□有　□無	床面積　□不算入　（高さ1.5m未満）
	その他（　　　）		□有　□無	床面積　□算入　□不算入 （　　　　　　　　　　　）

全 景 写 真	全 景 写 真
撮影年月日	撮影年月日
備　考	備　考
調査箇所（　　　　　　　　　　）写真	調査箇所（　　　　　　　　　　）写真
調査箇所（　　　　　　　　　　）写真	調査箇所（　　　　　　　　　　）写真
調査箇所（　　　　　　　　　　）写真	調査箇所（　　　　　　　　　　）写真

08 補足・特記事項

09 調査図（現地案内図等）　　　□別紙のとおり

第 2 章　関連資料　159

不動産登記規則第93条ただし書	**不 動 産 調 査 報 告 書**	**区分建物**

以下のとおり調査をしたので、その結果を報告します。

平成　　年　　月　　日

報告書No.＿＿＿＿＿＿＿＿＿＿

　　土地家屋調査士会所属
登録No.＿＿＿＿＿＿＿＿＿＿

　　　　　　　　土地家屋調査士　　　　　　　電子署名又は職印

電話番号

01　登記の目的

事件名	
□一棟　□専有部分　□表題　□滅失 □所在　□種類　□構造　□床面積　□附属建物　□新築　□取壊 □区分　□分割　□合併　□合体　　□建物図面訂正　□各階平面図訂正 □その他（　　　　　　　　　　　）	□変更 □更正

02　調査した建物及び敷地の概要 （表題登記以外は，申請前の状況を記載すること。）

一棟の建物の形態		
	区分形態	□マンション　□縦割　□横割　□その他（　　　　　）
	所在	
	建物の名称	
構造	構成材料	
	屋根の種類	
床面積	階	
	階 ～ 　階	
登記原因及びその日付		

建物敷地		
	符号	
	所在地番	
	地目	
	地積	
	敷地権の有無	□有　□無
	規約敷地・ 法定敷地の別	□規約敷地　□法定敷地
登記原因及びその日付		
敷地所有者	住所	
	氏名	
	持分	□単有 □共有（持分　／　　　）
敷地所有者	住所	
	氏名	
	持分	□単有 □共有（持分　／　　　）
敷地権なしの場合の 敷地の利用権原		
分離処分可能規約の 有無		□有　　□無

専有部分　□別紙のとおり（大量一括申請の場合は，別紙に記載すること。）	
家屋番号	
主附の別及び符号	
建物名称	
種類	
構造	
床面積	
原因及びその日付	
敷地権の目的たる土地の符号	
敷地権の種類	□所有権　□賃借権　□地上権
敷地権割合	／
原因及びその日付	
申請人符号	
第三者の権利の有無	□有　□無
家屋番号	
主附の別及び符号	
建物名称	
種類	
構造	
床面積	
原因及びその日付	
敷地権の目的たる土地の符号	
敷地権の種類	□所有権　□賃借権　□地上権
敷地権割合	／
原因及びその日付	
申請人符号	
第三者の権利の有無	□有　□無
家屋番号	
主附の別及び符号	
建物名称	
種類	
構造	
床面積	
原因及びその日付	
敷地権の目的たる土地の符号	
敷地権の種類	□所有権　□賃借権　□地上権
敷地権割合	／
原因及びその日付	
申請人符号	
第三者の権利の有無	□有　□無

03　所有権登記名義人等

申請人符号		所有権登記名義人等
	住所 （登記記録と異なる場合）	
	氏名	
	本人確認方法	□運転免許証　□個人番号カード　□面識有り　□その他（　　　　　　　　）
	持分	□単有　□共有（持分　　　　）
	連絡先（電話番号等）	

04　登記原因及びその日付

原因日付	原因	登記原因及びその日付の具体的判断理由

05　調査資料・証言・事実等

資料等区分	資料等番号	資料等名
登記所資料		□ 土地登記記録
		□ 土地閉鎖登記記録・閉鎖登記簿
		□ 建物登記記録
		□ 建物閉鎖登記記録・閉鎖登記簿
		□ 地図（　　　　　）
		□ 地図に準ずる図面（　　　　　　　　　）
		□ 閉鎖地図及び閉鎖地図に準ずる図面
		□ 地積測量図・土地所在図
		□ 建物図面・各階平面図
		□ 旧土地台帳
		□ 旧土地台帳附属地図（和紙公図）
		□ その他（　　　　　　　　　　）
		□ その他（　　　　　　　　　　）
官公署等資料		□ 建築確認済証
		□ 建築計画概要書
		□ 検査済証
		□ 固定資産課税台帳登録事項証明書
		□ 固定資産税納付証明書
		□ 家屋滅失証明書
		□ 公正証書
		□ その他（　　　　　　　　　　　）
その他の事実等		□ 工事完了引渡証明書等
		□ 建築請負契約書
		□ 領収書（　　　　　　　）
		□ 敷地所有者の証明書
		□ 売買契約書贈与契約書
		□ 相続証明書
		□ 持分確認書
		□ 下請工事
		□ 付帯工事
		□ 取壊証明書
		□ その他（　　　　　　　　）
		□ その他（　　　　　　　　）
		□ その他（　　　　　　　　）
原本確認結果		

06	資料・証言・事実等の分析	
資料等番号	調査項目	調査結果及び報告事項

07　現地の状況　　　　　　　□別紙のとおり

調査項目		
申請敷地内の状況	調査結果	報告事項
未登記建物	□有　□無	
既登記建物	□有　□無	
種類・構造・所有者等		
注意点・問題点等 （必要に応じて，位置関係が明らか となる図を添付）		

調査項目		
滅失建物の特定	調査結果	報告事項
所在地番変更	□有　□無	
増築・一部取壊し	□有　□無	
曳行移転	□有　□無	
種類・構造変更	□有　□無	
注意点・問題点等		

調査項目			
	調査期間		
	申請建物の状況 （一棟の建物）	調査結果	報告事項
建物の認定	定着性	□有　□無	
	外気分断性	□有　□無	
	用途性・人貨滞留性	□有　□無	
	取引性	□有　□無	
	建物の完成度	□完成　□工事途中	
	注意点・問題点等		
構造	構成材料	％	
	屋根の種類	％	
	階数		
床面積の算定	吹抜	□有　□無	床面積　□不算入
	出窓	□有　□無	床面積　□算入　□不算入　　　高さ1.5m　□以上　□未満 床面位置　□同一面　□非同一面
	階段室	□有　□無	床面積　□算入　□不算入
	ピロティ	□有　□無	床面積　□算入　□不算入　　外気分断性　□有　□無
	ベランダ等	□有　□無	床面積　□算入　□不算入　　外気分断性　□有　□無
	特殊階　ロフト	□有　□無	床面積　□不算入　（ 高さ1.5m未満）
	特殊階　小屋裏	□有　□無	床面積　□不算入　（ 高さ1.5m未満）
	特殊階　床下収納	□有　□無	床面積　□不算入　（ 高さ1.5m未満）
	特殊階　その他（　　　）	□有　□無	床面積　□不算入　（ 高さ1.5m未満）
	その他（　　　　　）	□有　□無	床面積　□算入　□不算入 （　　　　　　　　　　　　　　）

第2章　関連資料　163

全 景 写 真	全 景 写 真
撮影年月日	撮影年月日
備　　考	備　　考
調査箇所　（　　　　　　　　　）写真	調査箇所（　　　　　　　　　）写真
調査箇所　（　　　　　　　　　）写真	調査箇所（　　　　　　　　　）写真

調査項目		
調査期間		
申請建物の状況 （専有部分）	調査結果	
家屋番号		
主附の別及び符号		
附属建物 利用状況		
位置		
意思確認		
建物の完成度	□完成　□工事途中	
注意点・問題点等		
申請建物の状況（詳細）	調査結果	報告事項
構造 種類	％	
構成材料	％	
屋根の種類		
階数		
吹抜	□有　□無	床面積　□不算入
出窓	□有　□無	床面積　□算入　□不算入　　　高さ1.5m　□以上　□未満 床面位置　□同一面　□非同一面
階段室	□有　□無	床面積　□算入　□不算入
ピロティ	□有　□無	床面積　□算入　□不算入　　外気分断性　□有　□無
ベランダ等	□有　□無	床面積　□算入　□不算入　　外気分断性　□有　□無
特殊階 ロフト	□有　□無	床面積　□不算入　（ 高さ1.5m未満）
小屋裏	□有　□無	床面積　□不算入　（ 高さ1.5m未満）
床下収納	□有　□無	床面積　□不算入　（ 高さ1.5m未満）
その他（　　　　　）	□有　□無	床面積　□不算入　（ 高さ1.5m未満）
その他（　　　　　）	□有　□無	床面積　□算入　□不算入 （　　　　　　　　　　　　　　　）

全 景 写 真	全 景 写 真
撮影年月日	撮影年月日
備　　考	備　　考
調査箇所（　　　　　　　　　）写真	調査箇所（　　　　　　　　　）写真

08	補足・特記事項

09	調査図（現地案内図等）	□別紙のとおり

● 監修者略歴 ●

田中　博幸（たなか　ひろゆき）

大阪法務局首席登記官（不動産登記担当）
（前法務省民事局民事第二課地図企画官）
平成27年大阪法務局統括登記官（地図整備担当）、複数局の総括
表示登記専門官を経て、令和３年法務省民事局民事第二課地図企
画官、令和５年京都地方法務局次長、令和６年４月現職。平成16
年以降20地区以上の法務局地図作成事業に関与し平成18年筆界特
定制度開始当初から筆界特定事務に従事。平成19年土地家屋調査
士試験合格。

筆界認定に関する表示登記の運用見直し関係資料集

2024年10月17日　第１刷発行

監修者	田　中　博　幸
編　者	月刊登記情報編集室
発行者	加　藤　一　浩

〒160-8519　東京都新宿区南元町19
発　行　所　一般社団法人 金融財政事情研究会
編　集　部　TEL 03(3355)1713　FAX 03(3355)3763
販売受付　TEL 03(3358)2891　FAX 03(3358)0037
URL https://www.kinzai.jp/

DTP・校正：株式会社友人社／印刷：法規書籍印刷株式会社

・本書の内容の一部あるいは全部を無断で複写・複製・転訳載すること、および
　磁気または光記録媒体、コンピュータネットワーク上等へ入力することは、法
　律で認められた場合を除き、著作者および出版社の権利の侵害となります。
・落丁・乱丁本はお取替えいたします。定価は裏表紙に表示してあります。

ISBN978-4-322-14335-5